СВІТ *КОЛЯДИ*
THE WORLD OF
'KOLIADA'
BILINGUAL EDITION

СВІТ *КОЛЯДИ* / THE WORLD OF *KOLIADA*

Victor Grytsyshyn – Composer, Orchestrator, Choral Singer

Illustrations by Pavlo Krysachenko

Introduction and Comments by Anastasiia Mykhailenko

Translation from the Ukrainian, Editing and Project Management
by Svetlana Payne (Svetlana Dubovitskaya)

English translation © Glagoslav Publications 2025

Publishers Maxim Hodak & Max Mendor

© Glagoslav Publications 2025

www.glagoslav.com

ISBN: 978-1-80484-171-6
ISBN: 978-1-80484-172-3

Published in English by Glagoslav Publications in May 2025

A catalogue record for this book is available from the British Library.

This book is in copyright. No part of this publication may
be reproduced, stored in a retrieval system or transmitted in any form or by any means without
the prior permission in writing of the publisher, nor be otherwise circulated in any form of
binding or cover other than that in which it is published without a similar
condition, including this condition, being imposed
on the subsequent purchaser.

СВІТ *КОЛЯДИ*

THE WORLD OF 'KOLIADA'

BILINGUAL EDITION

COMPILED BY SVETLANA PAYNE AND VICTOR GRYTSYSHYN

GLAGOSLAV PUBLICATIONS

ЗМІСТ / CONTENTS

Світ Коляди (*Анастасія Михайленко*) 7
The World of Koliada (*Anastasiia Mykhailenko*) 16
Моя Коляда (*Віктор Грицишин*) 25
My Koliada (*Viktor Grytsyshyn*) 32

Koliadkas (texts) 40
   1. Слава рожденному 40
      Slava rozhdennomu (Though Hopeful, Our Lady) . . 44
   2. А в нашого пана 46
      A v nashogo pana (Oh, but at Our Master's) 50
   3. Пане, пане господарю 52
      Pane, pane hospodariu (Dear Sir, Esteemed Esquire) . . 56
   4. Ясніший від сонця 58
      Yasnishyi vid sontsia (Outshining the Sun) 62
   5. В Вифлеємі радість стала 64
      V Vifleyemi radist stala (Joy has Come to Bethlehem) . . 68
   6. Ангели, снижайтеся! 70
      Angely, znyzhaitesia (Oh, Ye Angles, do Descend) . . . 74
   7. Ой, во граді Вифлеємі 76
      Oi, vo hradi Vyfleiemi (Bethlehem, a Little Town) . . . 80

8. В Вифлеємі днесь Марія 82
   V Vyfleiemi dnes Mariia
   (In a Humble Barn in Bethlehem Tonight) 86
9. Ой у яснім небі 88
   Oi, u iasnim nebi (Oh, the Star is Shining) 92
10. Ой, три славнії царі, ... 94
    Oi, try slavni tsari (Oh, Three Wise Magi) 98
11. Добривечір, хазяїну! 100
    Dobryvechir, khaziainu!
    (Good Evening, Dear Squire!) 104
12. Нуте, нуте, браття, сусіди! 106
    Nute, nute, brattia, susidy
    (Hie Thee Younder, Brethren!) 110
13. Небо ясні зірки вкрили 112
    Nebo yasni zirky vkryly
    (The Sky is Clear, the Stars a-Glow) 116
14. Пастирі милі 118
    Pastyri myli (Oh, Ye, Good Shepherds) 122
15. Отче наш 124
    Otche nash (Our Father) 125
16. Тропар Рождества Христового 126
    Troparion of the Nativity 127

Notes 128

Автори та укладачі 184
Authors and compilers 187

СВІТ КОЛЯДИ[1]

Культурний феномен Коляди – це багатошарове відображення людської історії та духовності, традицій повсякденного життя, віри та внутрішньої сили.

Протягом історії Коляда як жанр зазнала значних перетворень і сприяла зближенню релігійних та народних традицій у пісні й танці, підкреслюючи тим самим унікальність різних культур. Цей жанр сьогодні такий же актуальний, яскравий та наповнений енергією, як і століття тому. Він завжди посилює святковий дух під час Різдва у багатьох суспільствах.

Етимологічно слово Колядка безпосередньо співвідноситься з такими поняттями, як «зміна місяця» і «зміна року». У Стародавньому Римі воно було відоме як *kalendae* та означало настання нового року і нового циклу в житті. Сучасні європейці трактують Коляду, як явище духовної та художньої культури, за допомогою цілого ряду варіантів написання. У Франції використовуються такі версії, як *tsalenda*, *chalendes* або *charandes*. Однак в Провансі популярна ще одна форма – *calendas*. Сюжет, структурні принципи та жанрові характеристики, властиві українським Колядкам, схожі на аналогічні творчі явища в таких країнах, як Румунія (*colinda*), Чехія (*koleda*), Польща (*kolęda*), Словенія (*kolednica, coleda*), Сербія (*koleda, kolenda*) та Албанія (*kolëndi*). Термін Колядка (*koliada*) є співзвучним англійському *calendar* остільки, оскільки позначає певний розподіл природних циклів, що, своєю чергою, диктує послідовність дій людини в житті.

---

[1] У тексті використовуються два споріднених терміни: Коляда – традиційна слов'янська назва періоду між Різдвом і Хрещенням Господнім (7-19 січня), і Колядка – особливий тип пісні, що виконується під час свят.

Коляда як творчий жанр широка і багатогранна. Вона поєднує пісню, танець і театральну виставу. Язичники використовували цей термін для позначення церемоніальних хвалебних пісень, що виконуються під час зимового циклу урочистостей і служать вітанням нового сонячного циклу.

Українські Колядки глибоко сягають корінням в християнські традиції, і, таким чином, Коляда в Україні (зокрема, в Закарпатті, серед різних етнічних груп населення: українців, карпаторусинів, румунів, словаків, поляків) набула чіткий духовний підтекст і трансформувалася у святкування Різдва Христового, що має безпосередній зв'язок з процесами морального та тілесного оновлення. Коляда пов'язана з великою Божественною таємницею – народженням Христа і набуттям визволення через духовне відродження. Поступово вона ввібрала в себе обряди та звичаї, що відстоюють єдність людей, засновану на Божій любові і Його заповіді любити ближнього, як самого себе.

Ці фундаментальні заповіді є основою для святкування Різдва, оскільки це час, коли люди збираються разом і вітають своїх сусідів, родину та друзів. Позитивна енергія Різдва передається від власників маєтків до мандрівних виконавців Колядки (які ходять від хати до хати, від села до села). Вона об'єднає людей різних поколінь.

Особлива увага приділяється ритуалам зустрічі гостей. Приймаючи співаків Колядок (як правило, молодь) у своїх будинках, власники повинні проявляти до них максимум уваги (брати гарно вишитий рушник та ставити на нього хліб, сіль), висловлювати свою подяку, пропонувати частування та святкові подарунки за радісну вістку в пісні, що зігріває дім та сім'ю.

Ключовою частиною різдвяних урочистостей є театралізована вистава на теми Різдва Христового. Подібна подія підняла б настрій людей, відвернула б від випробувань і негараздів повсякденного життя та надала нову хвилю позитиву, енергії. Шоу зазвичай ставилося імпровізованим акторським колективом, що складається з дітей і підлітків, рідше – дорослих. Напередодні Різдва (6 січня) поява першої вечірньої зірки відправляло їх обходити будинки людей, тому що, як і понад дві тисячі років тому, зірка символізувала радісну звістку, принесену Божими ангелами пастухам.

І, таким чином, почалося традиційне уявлення Колядки. Відвідуючи всілякі сім'ї, діти, підлітки та дорослі, одягнені в костюми різних різдвяних персонажів, розповідали історію народження Ісуса Христа, співали святкові пісні та виконували традиційні танці. Різні покоління, таким чином, зберуться разом, об'єднані духом Різдва і взаємними побажаннями щастя, здоров'я і рясного врожаю. Ентузіазм акторів буде винагороджений подарунками та частуваннями.

Персонажі такого імпровізованого театрального виконання, описаного свого часу М. А. Маркевичем[2], представляли досить багато традиційних героїв: пономар, ангели, пастухи, Ірод, тілохранитель Ірода, три східні царі, сатана, що має хвіст, крила, роги великого розміру, тримає в роті вугілля; смерть (скелет з косою), Рахіль, у якої маленька дитина на руках, воїни. Такі святкові заходи незмінно супроводжувалися пересувним ляльковим театром (Вертеп).

Вертеп, український різдвяний ляльковий театр, бере свій початок у 17 столітті. На думку вчених, театр, ймовірно, був заснований студентами Києво-Могилянської академії[3], які також писали п'єси, що тут ставилися. Цей театр став дуже популярним, і з часом його особливі п'єси ставили вчителі, диякони та мандрівні театральні трупи.

Ляльковий театр являв собою мініатюрну двоярусну споруду, яка служила сценою для дії. Акторами були дерев'яні ляльки. Кожна лялька мала дріт, прикріплений до однієї ноги, і таким чином ляльковик міг контролювати рух ляльки, рухаючи її вперед і назад через вертикальні та горизонтальні канавки, вирізані на двох поверхах конструкції.

Сама п'єса мала дві окремі дії, тематично не пов'язані між собою. Перша, яка відбувалась на верхньому поверсі театру мініатюр, мала релігійну тематику і дидактичний характер. У ній можна побачити пастухів і Трьох Царів, які прийшли відвідати новонародже-

....

[2] Микола Маркевич (1804-1860) – український історик, етно-граф, музикант і поет українського козацького походження.

[3] Києво-Могилянська академія – це унікальний навчальний заклад, заснований у 1632 році в Києві братами Петром та Іваном Могилами. Академія пропонувала освіту в галузі бого-слов'я та природничих наук.

ного Ісуса. Пастухи співали пісні та раділи Його народженню. Була, також, сцена з Рахіллю, що плаче, бо її дітей вбили за наказом царя Ірода. У цій сцені Рахіль прокляла царя, і коли він помер, диявол прийшов, щоб забрати його тіло й душу в пекло.

Друга дія п'єси відбувалася на нижньому поверсі театру. Вона складалась із коротких жартівливих сценок, ціль яких була розвеселити глядача. Хоча вони не становили цілісної фабули, дія в них оберталася навколо одного персонажа, якому не дали конкретного імені, а просто звали «Козак Запорожець». Обидві дії вистави супроводжувалися музикою – хором, дуетами, соло та інструментальними ансамблями у складі скрипок, цимбал, флейти та барабана. Козак грав на бандурі та співав низку старовинних епічних пісень. Він та інші герої вистави також танцювали.

Під час різдвяних канікул учні ходили з «Вертепом» від міста до міста, від села до села, від хати до хати та давали вистави. (https://ukrainianpeople.us/ukrainian-christmas-traditions/)[4]

Серед різдвяних традицій, яких українці старанно дотримувалися протягом століть, був ритуал святкової вечірньої трапези, яку слід покуштувати напередодні Різдва. Акт збору всієї родини за різдвяним столом завжди мав глибоке духовне значення. Це не тільки згуртувало родичів, але і повертало спогади про предків і ті знання, які вони зберегли та передали наступним поколінням.

Українські різдвяні гуляння починаються на Святвечір і закінчуються на свято Хрещення Господнього. Різдвяна вечеря, або Свята вечеря, збирає родину разом, щоб почастуватись особливими стравами та розпочати свято багатьма звичаями та традиціями, які сягають корінням у давнину. Обряди Святвечора присвячені Богу, добробуту родини, пом'янанню предків, – знаходимо ми відгук на сторінці журналу «Ukrainian people». (https://ukrainianpeople.us/ukrainian-christmas-traditions/)

Особливе значення мають правила сервірування святкового столу.

На вечері дванадцять страв, тому що, згідно з християнською традицією, кожна страва присвячена одному з апостолів Христо-

---

[4] Опубліковано з дозволу сайту https://ukrainianpeople.us/ ukrai-nian- christmas-traditions/

вих... Страви є пісними, тому що це період посту, який вимагає Церква до Різдва...Різдвяний хліб ставлять у центрі столу. Цей хліб заплітається в кільце, і три таких кільця кладуть одне на одне, а в центрі верхнього знаходиться свічка. Три кільця символізують Трійцю, а кругла форма символізує Вічність. (https://ukrainianpeople.us/ukrainian-christmas-traditions/)

Вікові традиції диктують церемоніальну послідовність такої урочистості.

Після того, як дідух (сніп, символ праотця) ставиться на почесне місце, батько чи голова родини кладуть біля нього миску з кутею (варена пшениця, змішана з маком і медом). Кутя – найважливіша страва всього Святвечірнього застілля, її ще називають Божою їжею. Також подають глечик узвару, що має містити дванадцять різних фруктів, який називають Божим напоєм. Після завершення всіх приготувань батько підносить кожному члену сім'ї шматочок хліба, змочений у меді, попередньо освячений у церкві. Потім він з усією сім'єю молиться, а після молитви вітає всіх, кажучи: «Христос рождається». І сім'я сідає до святої вечері з дванадцяти страв. (https://ukrainianpeople.us/ukrainian-christmas-traditions/).

Завдяки багатій образності, тонкому переплетенню почуттів, кольорів і форм, що використовуються в жанрі, Колядки перетворилися, особливо в Україні, на свого роду фольклорний, художній, музичний і духовний світ, постійне нагадування про благословення, дароване людям понад дві тисячі років тому, про Різдво Христове. Він не тільки приніс славу Божу на землю, а й виконав його закон, дозволив нам здобути перемогу над тягарем пристрастей і гріха, наповнити серця любов'ю, благодаттю і мудрістю. Він відкрив нам дорогу до порятунку.

Сьогодні Колядки – це, по суті, маленькі віньєтки, що ілюструють духовне життя нації, відображаючи справжню природу її етнічної унікальності та історії. Як такі, вони стали невіддільною частиною національної культури, особливо її епічної складової, дзеркалом найбільш значущих духовних характеристик життя і повсякденних практик, свідченням того, що віра може дати розраду і захист в найважчих життєвих ситуаціях, допомогти подолати труднощі й запропонувати вихід – хоча б завдяки почуттю гумору, унікальному за своїм колоритом і змістом. Ймовірно, варто згадати, що безліч матеріалів про Колядку було зібрано і зіставлено українськими братствами (релігійними групами, що займаються культурною освітою, які з'явилися п'ять або шість століть тому). Важливим був внесок у цю сферу вчителів та учнів різних шкіл, академії. Це свідчення походить від митрополита Василя Янківського (видатної постаті в українських релігійних колах, церковного реформатора, проповідника, педагога, видавця, автора і перекладача, творця і першого митрополита Української Автокефальної Православної церкви, відродженої в 1921 році).

Кращі українські традиції, пов'язані з Колядками, набули популярності й серед інших народів. Українські народні пісні особливо улюблені в США (серед інших), де вони пізніше були адаптовані композиторами та отримали новий набір стилістичних особливостей. Одна з найвідоміших за кордоном – Колядка «Щедрик» («Щедрий вечір»). Адаптована Пітером Вільхауські (американським хоровим керівником, композитором і видавцем), вона тепер відома англійською мовою як різдвяна «Пісня дзвонів». Є різні версії її виконання музикантами Сполучених Штатів. Серед них та, що пропонує оркестр Військово-Повітряних Сил США: https://youtube.com/watch?v=O39vQhwY8wo (ресурси платформи YouTube, 19.12.2020).

Популярні, також, Колядки: «В темную нічку (Спи, Ісусе)»; «Ой хто, хто Миколая любить»; «Добрий вечір тобі, пане господарю, радуйся!»; «Бог предвічний народився»; «На Різдво Христове».

Колядка «Святий вечір» свого часу була використана в опері П. І. Чайковського «Черевички».

Література про Колядки велика і різноманітна, антології з'являються в різний час і в різних країнах:

«Замечательные колядки». Киевская старина. Январь, № 1, 1889. С. 231–233.

«Малорусские рождественские вирши». Киевская старина. Январь, № 1, 1889. С. 234–236.

«Українські колядки». Відень: Союз визволення України, 1916. https://archive.org/details/koliadnyk1915/page/4/mode/2up

«Українські коляди» (з нотами). Упорядковано о. Марком Дирда. Торонто: Видавництво і Друкарня 00. Василіян, 1950, с. 167 https://www.noty-bratstvo.org/sites/default/files/

«Коляди або Пісні на Різдво Христове, з додатком Народніх Колядок, Щедрівок та Віншувань». Укл. Йосиф Когут. Йорктон: Друкарня «Голосу Спасителя». Випуск 102, 1953, с. 192. https://archive.org/details/koliadnyk1953

«Колядки та щедрівки». Пісні Явдохи Зуїхи. АН УРСР, Ін-т мистецтвознав., фольклору та етнографії ім. М. Т. Рильського; упоряд., передмов. та примітки В. А. Юзвенко, М. Т. Яценко; відп. ред. О. І. Дей; записав Г. Танцюра. К.: Наукова думка, 1965. 810 с. Ноти (Українська народна творчість), с. 95–107. https://archive.org/details/pisnizuikhy

«Колядник: з нотами на два голоси». Впорядкував Прот. о. Володимир Слюзар. Видання видавничої спілки Еклєзія. Вінніпег, МАН, 1973. с. 63 https://archive.org/details/koliadnyk

«Кантичка української різдвяної містерії»: [колядки, щедрівки, вертепи, різдв. поезія / ред.-упоряд. І. Ваврик]. – Тернопіль : Джура, 2005, с. 515: ноти, іл. 33. А696596 Кэфри, Альбина. ... Карен Доннеллі ; пер. з англ. Ірини Бондаренко. – Тернопіль : Богдан, 2014, с. 63: іл. Володимир Гнатюк «Колядки і щедрівки». Етнографічний збірник. Том перший, 2019, джерело: https://book24.ua/ua/product/kolyadki-i-shchedrivki-etnografichniy-zbirnik-t-1/, також, https://archive.org/details/etnograf_zb_36

«Нова радість стала». (Улюблені колядки та щедрівки). Упорядковано: І. А. Малкович; музична редакція: В. М. Грицишин. Київ, видавництво «А-БА-БА-ГА-ЛА-МА-ГА», 2020, с. 36 http://umka.com/rus/catalogue/books-for-children/nova-radist-stala-favorite-carols-and-new-year-songs-new-joy-has-come.html

Ольга Харчишин «Коляди – спільна спадщина українців та поляків» [Архівовано 13 січня 2021 у Wayback Machine.] https://culture.pl/ua/stattia/koliady-spilna-spadshchyna-ukraintsiv-ta-poliakiv

Духовне, художнє та екзистенційне значення Колядок було належним чином відображено в літературі. Однією з перших таких спроб була п'єса «Вертеп»,[5] написана Феофаном Прокоповичем

---

[5] Ця назва («Вертеп») фігурує на сторінці http://www.ukrlitra.com.ua/hlsvv.html

(1681-1736) (Російський імператорський православний богослов, письменник, поет, математик і філософ українського походження, ректор Києво-Могилянської академії та архієпископ Новгородський). Мабуть, найвідомішим з авторів, які дали докладний опис жанру в тому вигляді, в якому він існував у житті людей, був Микола Гоголь. Підтвердженням цього служить його шедевр «Вечори на хуторі біля Диканьки», де почесне місце займає повість «Ніч перед Різдвом».

Багато видатних українських письменників також зверталися до явища Коляди, відроджуючи її унікальну атмосферу, пояснюючи зміст і традиції. Серед них були: Михайло Стельмах (у повісті «Щедрий вечір»), Михайло Коцюбинський (в оповіданні «Ялинка»), Олександр Довженко (в автобіографії «Зачарована Десна»), Надійка Гербіш (у циклі «Теплі історії до кави»: «Зимове плетиво», «Різдвяні листи», «Різдвяний дарунок для листоноші», «Хатинка на краю вулиці»).

Колядки, зібрані в цій антології, допомагають проілюструвати чарівну атмосферу духовного свята, його різні аспекти та метафізику. Кожна з різдвяних Колядок має свою власну динамічну сюжетну лінію. Вони були адаптовані для виконання змішаним хором (сопрано, альти, тенори, баси) з метою поліпшення сприйняття широкого спектра настроїв і відтінків емоцій.

Композитор Віктор Грицишин відтворив та блискуче відобразив багатство і велику кількість цих фольклорних джерел, особливо їх протяжний мелодійний ліризм і жвавість руху, передані через зміну темпу і тактового розміру. Він віддзеркалює чергування тональностей, мажорних і мінорних, найчастіше паралельних, споріднених.

Система композиційно-технічних компонентів, що використовуються для перетворення фолк-жанру, включає: темброві фарби, які викладають інтонаційне-ритмічний остов та їх гра; збагачення хорової тканини мелодіями-підголосками та рельєфними репліками; темброві переклики та педалі[6]. Особливу увагу слід приділити характеру акордове-гармонійної системи. Її відрізняє широкий діапазон: від традиційно класичних типів співзвуччя до складних

---

[6] Педаль – це маються на увазі витримані, протягом певного часу, звуки чи співзвуччя.

вертикальних моделей – нонакордів та акордів поширеної хроматичної тональності. Результатом є нова життєва сила, натхненна старими піснями та мелодіями; нове життя, адаптоване до нових сучасних умов.

Переклад, який здійснила Світлана Пейн, спрямовано на відтворення загальної сюжетної лінії розповіді та унікального змісту *Колядок*.

Анастасія Михайленко, 2024

THE WORLD OF *KOLIADA*[7]

The cultural phenomenon of *Koliada* is a multi-layered reflection of human history and spirituality, traditions of daily life, of faith and inner strength.

Throughout history, *Koliada* as a genre has undergone significant transformation and brought about a convergence of religious and folk traditions in song and dance, thus highlighting the uniqueness of various popular cultures. The genre is as strong today as centuries ago, always enhancing festive spirit over Christmas celebrations in many societies.

Etymologically, the word *koliadka* is directly correlated to such ideas as 'change of the moon' and 'change of the year'. In Ancient Rome, it was known as *kalendae* and signified the arrival of a new year, and a new cycle in life. Contemporary Europeans refer to *Koliada* – as a phenomenon of spiritual and artistic culture – through a range of spelling variations. France uses such versions as *tsalenda*, *chalendes* or *charandes*. However, in Provence yet another form – *calendas* – enjoys currency, too. The plot, structural principles, and genre characteristics inherent in Ukrainian *Koliadkas* are akin to similar creative phenomena in such countries as Romania (*colinda*), Czechia (*koleda*), Poland (*kolęda*), Slovenia (*kolednica, coleda*), Serbia (*koleda, kolenda*), and Albania (*kolĕndŭ*). The term *koliadka* (*koliada*) is consonant with the English *calendar* inasmuch as it denotes a certain allocation of natural cycles, which, in turn, dictates the sequence of human actions in life.

Koliada as a creative genre is extensive and multifaceted, bringing together song, dance, and theatrical performance. Pagans used this term

---

[7] The text uses two related terms: *Koliada* – the traditional Slavic name for the period between Christmas and Epiphany (7-19 of January), and *Koliadka* – a particular type of song performed during the festivities.

to refer to ceremonial songs of praise performed during the winter cycle of celebrations and welcoming a new solar cycle.

Ukrainian *koliadkas* are deeply rooted in Christian traditions and thus, *Koliada* in Ukraine (particularly, in the Transcarpathia, among various ethnic groups – Ukrainians, Carpathian Lemkos, Rumanians, Slovaks, Poles) has acquired clear spiritual overtones and been transformed into celebration of the Nativity and its immediate association with processes of wholesome rejuvenation. *Koliada* relates directly to the great Divine Mystery – that of the birth of Christ and attainment of salvation through spiritual revival. Gradually, it has absorbed rites and customs championing the unity of people – based on God's love and His commandment to love one's neighbour as oneself.

These fundamental precepts form the basis for Christmas celebrations as it is the time when people get together, and greet their neighbours, family, and friends. The positive energy of Christmas travels from estate holders to itinerant *kolidka* performers, is shared by people of various generations.

Particular attention is paid to the rituals of welcoming guests. When receiving *koliadka* singers (mostly, young people) in their homes, estate owners must show them every attention, offer bread and salt on a richly embroidered *rushnyk* (towels), express their gratitude, offer treats and festive presents in return for glad tidings expressed in song.

The pivotal part of the Christmas celebrations is a theatrical performance on the themes of the Nativity. An event like this would lift people's spirits, distracting from trials and tribulations of daily life and injecting new positivity and energy. The show would normally be put on by an impromptu cast consisting of children and adolescents, less commonly, adults. On the Christmas Eve (6 of January), the appearance of the first evening star would send them off on a round of people's houses because just as more than two thousand years ago, the star symbolised glad tidings delivered by God's angels to the shepherds.

And thus, the traditional performance of *koliadkas* would take off. Visiting all kinds of households, children, adolescents, and adults, dressed as various Nativity characters, would narrate the story of the birth of Jesus Christ, singing celebratory songs and performing traditional dances. Different generations would come together, united in the spirit of Christmas and mutual wishes for well-being, health, and an abundant harvest. The actors' enthusiasm would be rewarded with gifts and treats.

Dramatis personae in such an improvised theatrical performance, as described in his day by M. A. Markevych[8], included quite a few traditional characters: a sexton; angels, Herod, Herod's guard three Oriental kings, Satan – sporting a tail, large horns and a pair of wings, a piece of coal in his mouth; Death (a skeleton with a scythe); Rachel with a baby in her arms; warriors.

Such festive celebrations would invariably include a portable puppet theatre (Vertep).

Vertep, the Ukrainian Christmas puppet theatre had its beginnings in the XVII century. According to scholars, the theatre was probably founded by students of the Kyivan Academy9, who also wrote the plays performed there. This theatre became very popular, and with time, its special plays were performed by teachers, deacons, and travelling theatre groups.

The puppet theatre consisted of a miniature two-storied structure, which served as a stage for the action. The actors were puppets made of wood. Each puppet had a wire attached to one leg, and in this way the puppeteer was able to control the doll's movement, moving it back and forth via the vertical and horizontal grooves cut out in the two floors of the structure.

The play itself had two separate acts that were thematically unconnected. The first, which took place in the upper floor of the miniature theatre, had a religious theme and was didactic in character. The play presented a shepherd and the Three Kings who came to visit the newborn Jesus. The shepherds sang songs and rejoiced in His birth. There was also a scene with the weeping Rachel, whose children were killed by the order of King Herod. In this scene Rachel cursed the King and as he died, the devil came to take his body and soul down to hell.

---

[8] Mykola Markevych (1804 –1860) was a Ukrainian historian, ethnographer, musician and poet of Ukrainian Cossack descent.

[9] Kyiv-Mohyla Academy is a unique educational establishment founded in 1632, in Kyiv, by brothers Petro and Ivan Mohyla. The academy was offering education in divinity and natural sciences.

The entire second act of the play took place on the lower floor of the theatre. It consisted of short, humorous scenes, designed to amuse the viewer. Although the various short scenes of the second act did not constitute a tightly-knit story, the action in them did revolve around one character who was not given a specific name, but was just referred to as Kozak Zaporozhets *(Zaporozhian Cossack). Both acts of the play were accompanied by music – a choir, duets, solos, and instrumental ensembles made up of violins, cymbals, a flute, and a drum. The Kozak played the bandura and sang old epic songs while other characters in the play also danced.*

During the Christmas holidays, students went with their Vertep from town to town, village to village, house to house, and gave performances». (https://ukrainianpeople.us/ukrainian-christmas-traditions/)[10]

Among Christmas traditions, assiduously adhered to by Ukrainians over centuries, has been a ritual of the festive evening meal – to be partaken of on Christmas Eve. The act of assembling the entire family round the Christmas table has always had profound spiritual significance. Not only did it bring together and unite the relatives, but also brought back the memories of ancestors and the lore that they had preserved and passed on to the subsequent generations.

Ukrainian Christmas festivities begin on Christmas Eve (January 6) and end on the Feast of the Epiphany. The Christmas Eve Supper, or Sviata Vecheria *(Holy Supper), brings the family together to share traditional Christmas foods and begin the holiday with many customs and traditions that reach back to antiquity. The rituals of Christmas Eve are dedicated to God, to the welfare of the family, and to the remembrance of the ancestors –* as described by *Ukrainian people magazine*: https://ukrainianpeople.us/ukrainian-christmas-traditions/.

Of special importance are the rules for setting the festive table:

There are twelve courses in the Supper, because according to the Christian tradition, each course is dedicated to one of Christ's Apostles. However, the ancient pagans believed that each such course stood for every full moon during the year. The courses are meatless because a pe-

---

[10] Published with the permission of the site https://ukrainianpeople.us/ukrainian-christmas-traditions/

riod of fasting, as decreed by the Church, must last until Christmas Day. However, for the pagans the meatless menu signified a form of bloodless sacrifice to the gods. A kolach *(Christmas bread) has a pride of place in the centre of the table. Each bread is braided into a ring, and three such rings are placed on top of each other, with a candle in the centre of the top one. The three rings symbolise the Trinity while the circular form represents Eternity.* (https://ukrainianpeople.us/ukrainian-christmas-traditions/)

The age-old traditions dictate the ceremonial sequence of such a celebration:

After the *didukh*[11] is seated in the place of honour, the father, or head of the household, places a bowl of kutia (boiled wheat, mixed with poppy seeds and honey) next to the elder. Kutia is the most important food of the entire Christmas Eve Supper, and is also referred to as God's Food. A jug of uzvar (stewed fruits, of which there should be twelve different kinds), called God's Drink, is also served. After all the preparations have been completed, the father offers each member of the family a piece of bread dipped in honey, the bread having been previously blessed in church. He then leads the family in prayer. After the prayer, the father extends his best wishes to everyone with the greeting Khrystos Razhdaietsia (Christ is born), and the family sit down to a twelve-course meatless Christmas Eve Supper. (https://ukrainianpeople.us/ukrainian-christmas-traditions/)

Thanks to rich imagery, a fine tapestry of sentiments, colours and forms used in the genre, *koliadkas* have transformed, particularly in Ukraine, into a kind of folkloristic, artistic, musical, and spiritual world of their own, a constant reminder of the blessing delivered to people over two thousand years ago – the nativity of Christ. Not only did He bring God's glory to the earth, but also carried out His law, enabled us to come victorious over the burden of passions and sin, fill the hearts with love, grace, and wisdom. He opened to us the road to salvation.

Nowadays *koliadkas,* in effect, are little vignettes illustrating spiritual life of the nation, a reflection of the true nature of its ethnic uniqueness and history. As such, they have become an integral part of the nation-

---

[11] A *didukh* is a Ukrainian Christmas decoration made from a sheaf of wheat, a symbolic sacrifice taken from the autumn harvest.

al culture, especially its epic component, a mirror of most significant spiritual characteristics of life and daily practices, a testimony to the fact that faith can offer solace and protection in most dire situations in life, help overcome hardships and offer a way out – if only through a sense of humour, unique in its flair and contents. It is probably worth mentioning that an abundance of *koliadka* materials had been gathered and collated by the Ukrainian brotherhoods – religious groups engaged in cultural education that had appeared five or six centuries ago. An important contribution was also made by teachers and students of various schools. This testimony comes from Metropolitan Vasyl Yankivsky – a prominent figure in the Ukrainian religious circles, a church reformer, preacher, teacher, publisher, author and translator, creator and the first metropolitan of the Ukrainian Autocephalous Orthodox Church, revived in 1921.

The best Ukrainian traditions associated with *koliadkas* have gained fame and popularity among other nations. Ukrainian folk songs are particularly popular in the USA (among others), where they have been later adapted by composers and received a new set of stylistic features. One of the best known abroad is *koliadka* 'Schedryk' ('Bountiful Evening'). Adapted by Peter Wilhousky (an American choral director, composer, and publisher), it is now known in English as a Christmas 'Carol of the Bells'. Multiple versions and arrangements of this charming piece have been recorded by various American musicians. Among them is this recording performed by the orchestra of the United States Air Force: https://youtube.com/watch?v=O39vQhwY8wo (YouTube, 19.12.2020).

Of equal renown are these beautiful Ukrainian *koliadkas:* 'Na Rizdvo Khystove' ('On the Birth of Christ'); 'V temnu nichku spy Iisuse' ('On a Dark Night Sleep, Jesus'); 'Bog predvichny narodyvsia' ('The Pre-Eternal God was Born Tonight'); 'Oi khto, khto Mykolaiya l'ubyt' ('O, Who Loves Nicholas the Saintly'); 'Dobry vechir tobi, pane hospodariu, raduisia' ('Good Evening to Thee, Hospitable Master, Rejoice!').

Pyotr Tchaikovsky included *koliadka* 'Holy Night' in his opera 'Cherevichki' (translated as 'Little Shoes' or 'The Tsarina's Slippers').

The literature on *koliadkas* is vast and varied, with anthologies appearing at different times and in different countries:

'Zamechatelnyie koliadki', *Kievskaya starina*, No 1, January, 1889, pp. 231–233.

'Malorusskiye rozhdestvesnkiye virshi', *Kievskaya starina*, January, № 1, 1889, pp. 234–236.

'Ukrainsky kolidaki', *Widen': Souyz vyzvolennia Ukrainy*, 1916. https://archive.org/details/koliadnyk1915/page/4/mode/2up

Rev. Marco Dirda (ed.), 'Ukrainsky koliady (with sheet music)', *Toronto: Vydavnytstvo i drukarnia 00*, Vasilian, 1950, p. 167. https://www.noty-bratstvo.org/sites/default/files/

Kogut, Iosif (compiler), 'Koliady abo pisni ne Rizdvo Khrystove, z dodatkom Narodnykh Koliadok, Schedrivok ta Vinshuvan', *Yorkton: Drukarnia Golosu Sparytelia*, Issue 102, 1953, p.192. https://archive.org/details/koliadnyk195

'Koliadky ta schedrivky', *Pisni Yavdokhy Zuikhy*, M. T. Rylsky Academy of Sciences of the USSR, Institute of Arts, Folklore and Ethnography, arrangement, introduction and comments by Yuzvenko, V. A., and Yatsenko, M. T., exec. editor Dei, O. I., recorded by Tantsiura, K., Naukova Dumka, 1965. Sheet music (Ukrainska narodna tvorchist), pp. 95-107.

https://archive.org/details/koliadnyk195

'Koliadnyk: with sheet music for polyphony', arranged by arch-priest Rev. Volodymyr Sliuzar. Publishing Association Ecclesia, Winnipeg, Manitoba, 1973, p. 63. https://archive.org/details/koliadnyk

Kantychka ukrainskoyi rizdvianoyi misterii, a small anthology of Koliadkas, schedrivkas, vinshuvannias, Vertep-vystavas by Western Ukrainian poets, edited by Vavryk, I., musical editor Vavryk, O., forward by Herman, O., Ternopil, 2005

Hnatiuk, Volodymyr, *Koliadky i schedrivky*, ethnographic anthology, Vol. 1 in: https://book24.ua/ua/product/kolyadki-i-shchedrivki-etnografichniy-zbirnik-t-1/

'Nova radist stala' (uliubleni koliadky i schedrivky)', musical editor Grytsyshyn, V., A-BA-BA-GA-LA-MA-GA, Kyiv, 2020, p. 36. http://umka.com/rus/catalogue/books-for-children/nova-radist-stala-favorite-carols-and-new-year-songs-new-joy-has-come.html

Khartsyshyn, Olga, 'Koliadu – spilna spadschyna ukraintsiv i poliakiv', archived on 13 January 2021 in: *Wayback Machine*, https://archive.org/web/. https://culture.pl/ua/stattia/koliady-spilna-spadshchyna-ukraintsiv-ta-poliakiv

Koliadkas' spiritual, artistic, and existential importance has been duly reflected in literature. Among the earliest such endeavours was a play *Vertep12*, penned by Theophan/Feofan Prokopovich, (1681-1736, a Russian Imperial Orthodox theologian, writer, poet, mathematician, and philosopher of Ukrainian origin, rector of the Kyiv-Mohyla Academy, and Archbishop of Novgorod). Perhaps the best known among authors who provided a detailed description of the genre as it existed in people's life was Nikolai Gogol. In his celebrated masterpiece *Vechera ne knutorie bliz Dikanka* (*Evening on a Farm near Dikanka*), a pride of place belongs to the novella entitled *Noch pered Rozhdestvom* (*Christmas Eve*).

Numerous prominent Ukrainian writers also referred to *Koliada*, reviving the unique atmosphere, explaining contents and traditions. Among them were Mykhailo Stel'makh – in his novella *Schedryi Vechir* (*Eve of Epiphany*), Mykhailo Kotsiubinsky – in a short story *Yalynka* (*A Christmas Tree*), Oleksandr Dovzhenko – in his autobiography *Zacharovana Desna* (*An Enchanted River Desna*), Nadiyka Herbysh in her cycle *Tepli istorii do kavy* (*Heart-felt stories at coffee time*): *Zymove pletyvo* (*Winter Lace*), *Rizdvyany darunok do lustonoshi* (*Christman Present for the Postman*), and *Khatynka na kraiu vulytsi* (*A Little House at the End of the Street*).

Koliadkas collected in this anthology help illustrate the magical atmosphere of the festival, its various aspects and metaphysics. Each of the Christmas k*oliadkas* has its own dynamic storyline. They have been adapted for a performance by a mixed choir – sopranos, altos, tenors, basses – for the purpose of an enhanced perception of a wide range of sentiments and shades of emotion.

The composer, Vyktor Grytsyshyn, has carefully reproduced and brilliantly reflected the richness and profusion of those folklore sources, particularly their lingering melodious lyricism and vividness of movement conveyed through shifts in cadence and time signature. He has skilfully employed the alternation of keys, major and minor, most often used concurrently.

---

[12] The title of the play is mentioned on the site http://www.ukrlitra.com.ua/hlsvv.html

The tools utilised for transforming the folk genre include a variety of techniques: the ample variety of tone that serves as a basis for fluctuating rhythmic intonations, the alternation of tone prevalence, enrichment of the choral texture through introduction of supporting tunes, the striking use of repeats, the tonal echoes and pedals[13]. Of special importance is the harmonic sequence of chords. It varies from the classical types of harmony to compound vertical models where the chords may move from ninths to chromatic. The result is a new vitality inspired into old songs and tunes; a new lease of life adaptable to the new contemporary conditions.

The translation performed by Svetlana Payne is aiming at recreating the overall narrative storyline and the unique contents of *koliadkas*.

Anastasiia Mykhailenko, 2024

---

[13] The term *Pedal* denotes the sustaining of notes or chords.

МОЯ КОЛЯДА

Різдво Христове – це напевно найулюбленіше свято українського народу. У кожного з нас воно віддзеркалює особистий життєвий досвід, бо складається з низки обставин власного життя, побуту сім'ї та роду. Саме так, бо мій тато, пояснюючи якусь виниклу ситуацію з нами або ще з кимось, завжди говорив приказку: яблуко від яблуньки недалеко падає. Цьому важко суперечити, бо і сам Господь сказав: ви робите те, що бачили в домі батька свого.

Я народився в індустріальному краї, містами і селами якого прокотилися не тільки тачанки Нестора Махна, але й колективізація, розкуркулення – під яке потрапив рід моєї мами, а також пройшов Голодомор 1932-1933 років, Друга Світова Війна, та післявоєнний голод. А ще наше місто (Кривий Ріг) було наповнене кримінальними елементами, яких відправляли на важкі та небезпечні для здоров'я роботи. Говорю про для розуміння процесів, які в тій або в іншій мірі мають вплив і на нас.

Не можу сказати, що мої тато і мама були людьми релігійними чи набожними, але розуміння доброго і злого завжди розділяли, і намагалися і мене з братом тому навчити. Скільки пам'ятаю, напередодні Святого Вечора тато готував кутю, і цього дійства він нікому не довіряв. Брав макітру з макогоном і ретельно розтирав дрібні зернята маку до молочної суміші, варив узвар з сушених або копчених груш, потім додавав пшеницю, меду, і ось кутя була готова. Ми ж, коли були малими дітьми, завжди були в дуже збудженні, бо це був момент, коли на кухні головним був тато. А чому, а для чого така дивна їжа лише раз на рік? І багато інших питань постійно задавали ми. А ще дуже просили тата розповісти смішну історію з його дитячих спогадів. І хоч ми з братом знали її дослівно, все одно слухали вкотре.

Тато народився на Тернопільщині, і перші 11 років свого життя пройшли за належності до польської держави. То ж в селі мешкало багато поляків. Школярі мусили ходити до костьолу на службу Божу. Тож повертаючись додому (тоді ще будучи молодшим школярем), став свідком кумедної історії.

Недалеко біля костьолу жила польська родина, яка по-своєму зустрічала Різдво. Чоловік, взявши на голову горщик з кутею, мав тричі обійти власну хату, а його дружина, стоячи на порозі, мала питати: «Хто там ходить?» Чоловік же їй мав відповідати: «Пан Господь ходить, кутю на голові носить». Перше коло зробив чоловік, друге, а на третьому зашпортався та й впав, і горщик з кутею розбився, а жінка, не бачачи падіння чоловіка, знай своє торочить: «Хто там ходить?» У відповідь чоловік смачно вилаявся, ми ж з братом регочемо.

Таким чином результат досягнуто, всім весело, а в пліті весело горять потріскуючи дрова, зігріваючи нас своїм теплом. Далі наставала тайна Святвечора. Начебто нічого дивовижного не відбувалося, але якась урочистість і тиша панували в нашому домі. Наступного ранку, ледь надягнувши щось на себе, бігли на вулицю до найближчих сусідів колядувати, швидко-швидко вигукуючи завчені слова:

Коляд, коляд, колядниця,
Добра з медом паляниця.
А без меду не така.
Дайте, дядьку, п'ятака.
А п'ятак не важний,
Дайте руб бумажний!

Ми з нетерпінням чекали на те, що нам дадуть, бо коли маєш власні декілька копійок і самостійно можеш ними розпоряджатися, то у власних очах стаєш великим, хоч ти ще малий. Оце і була для нас на той час суть Різдва.

Коли мені було 12 років, батьки вирішили переїхати в село на Тернопільщину. Батьки мого тата жили на хуторі з дивовижною назвою За Руда, який відносився до села Довжанка. Через нього протікає невеличка, але стрімка, річечка з тією ж назвою. На хуторі не було електрики, бо який сенс тягнути стовби і дроти, якщо на хуторі три хати? Життя в хаті оберталося, особливо взимку, біля печі та керосинової лампи. Раз на тиждень я приносив із сільської бібліотеки в'язанку книжок, бо що робити, коли уроки зроблено, а за вікном зима і хурделиця?

І ось настав день Різдва. Я прокинувся раненько, за вікном ледь сіріло. Взувши на голу ногу валянки і накинувши на плечі якусь одежину, я вибіг на двір справити малу нужду, бо ніякої туалетної кімнати в хаті не було. На схід, на відстані біля 800 метрів, на горбі іншого берега річки знаходилось село, і декілька хат було добре видно, особливо на фоні білого снігу. Здається, я багато разів дивився в той бік, але чомусь саме картина того ранку і по сьогодні переді мною.

Було добре видно світло в вікнах будинків, а ще гурт дітей, що вибіг з одного із будинків, та стрімголов помчав до іншого. Згодом все повторилося. Здалеку час від часу чулись збуджені дитячі голоси. Що там відбувається, і чому без моєї участі? Так розмірковуючи, я повернувся до хати. Там все було, як і завжди. Баба Маринка поралася біля печі, дід пішов до стайні порати худобу, яка не переймається питаннями – святковий це день, чи звичайний. Кожен займався своїми справами.

Аж ось десь біля обідньої пори пролунав чийсь голос: «Йдуть!» Життя на хуторі ізольоване, і тому якщо хтось їхав кіньми, або йшов до нас, то було чутно, а особливо при гарній погоді. Ми з братом припали до вікна, намагаючись розгледіти, хто ж там йде? І дійсно, ще далеко на околиці села, по дорозі до нас, з'явилася юрба чоловіків і жінок. Втім шляху не було, а просто була польова дорога, якою влітку дітлахи гнали худобу на пасовище, та іноді проїжджали вози. То ж ті, хто йшов, торували свій шлях полями, заметеними снігом. А ще їм необхідно було перейти річку вузькою кладкою, і здолати крутий підйом до нашої хати, яка була першою з трьох, розташованих на хуторі. То ж ще добрих півгодини до приходу гостей.

А в нашій хаті почалася метушня. Зі столу швидко прибирались мої книжки, а їх місце займали тарілки та горщики. В печі шкварчало і булькало, і кімната наповнилась різними запахами, які аж паморочили голову. Дід Іван гострив шкіряним паском зі штанів свою бритву, а на постелі його вже чекала чиста вишита сорочка. Необхідно зауважити, що діда в селі поважали, і односельці приходили радитись по своїх житейських питаннях: «Іване, ви чоловік грамотний, бачили світа, порадьте, як бути».

Так, дід майже десяток літ провів за океаном в Канаді, тяжко працював, заробив доляри, був одним із небагатьох, хто повернувся в село, купив шмат землі, посіяв жито-пшеницю, а на жнива прийшли Совєти, і дід мусив все віддати в колгосп, бо добре знав, що буде чинити радянська влада – люди в Канаді мали інформацію про звірства комуністів.

Аж ось на порозі хати почувся тупіт багатьох ніг, і чийсь басовитий голос знадвору голосно сказав:

«Пане господарю, пустіть нас до хати, хочем вам заколядувати».

«Заходьте!» – голосно відповів дід, що вже сидів на стільці посеред кімнати, виголений до блиску, в чистій сорочці, руками закидаючи одну ногу на другу, бо був інвалідом першої групи так званої Великої Вітчизняної війни. Позаду нього схилившу голову стояла баба Маринка, а за ними тато з мамою.

І ось до хати заходить перший чоловік з саморобною віфлеємською зіркою, а за ним в клубах пару з морозу вваллюються всі інші. Зараз важко пригадати скільки їх було загалом – шість чи вісім, але скільки би їх ні було, враження було фантастичним, бо в нашу хату завітав цілий світ різних біблійних героїв, які віщали нам про народження Божого Сина. Для мене, що знав лише «Дайте, дядьку, п'ятака» почути:

Радуйся! Ой радуйся, земле, Син Божий народився!

було чимсь зовсім незнайомим і не зрозумілим. А тим часом лунала вже інша незнайома мені колядка:

Христос родився, Бог воплотився,
Ангели співають, Царя вітають.

Хто такий Той Божий Син, і чому це Йому стільки уваги і честі?

В хаті висіли на стінах намальовані якимсь маляром малюнки красивої жінки і чоловіка, яких називали Богоматір'ю і Христом, і якими нас лякали говорячи: «Он, Бозя, все бачить!», коли ми з братом бешкетували, але і цю проблему можна було легко залагодити, закривши намальовані очі вишитими рушниками, що прикрашали образи.

А люди, що прийшли до нас у хату, розповідали про трьох мудреців зі Сходу, що йшли за зіркою, яка їх вела, і як наші подорожні теж йшли за своєю зіркою і прийшли до нас, щоби принести нам радісну звістку та розповісти про поневіряння Йосипа та Марії, про злого Ірода, що вбив малих дітей – а за те його кінь скинув його з сідла та й помочився на його обличчя. Ця остання історія викликала у нас приступ сміху. А ще дошкуляла ота коза (жінка одягнута в костюм кози), що час від часу намагалася нас вщипнути, або штовхнути. Потім всі разом співали:

Нова радість стала, яка не бувала,
Над вертепом звізда ясна весь світ осіяла.

А також:

Во Вифлеємі нині новина:
Пречиста Діва зродила Сина,
В яслах сповитий, поміж бидляти,
Спочив на сіні Бог необнятий.

Я ж вслухався в незнайомі мені слова розмірковуючи: ну як же можна покласти немовля в ясла до корови, бо змалечку пас в полі не одну і знав, що характер у кожної свій, і впоратись з ними можливо лише за допомогою палиці.

Потім всі сідали за святковий стіл і піднімали келихи за здоров'я господаря та господині, їх дітей та онуків, тобто за нас з братом. Було весело, і гамірно, а подорожні, швидкоруч почастувавшись, поспішали і іншим принести до хати радісну звістку про народження Христа. Ми їх не припрошували помандрувати далі, вони самі знали, що дні зимові короткі… Пройде ще немало часу доки я зрозумію, що того погожого дня в нашу хату завітав аматорський сільський вертеп, в якому були дійові особи та виконавці. І ці, здебільшого літні люди, так і не були духовно зламані псевдо-кодексом будівника комунізму і, як могли, несли віру своїх прабатьків. До того ж тут, в західній частині України, радянська людоненависницька ідеологія діяла менше часу, ніж в інших регіонах України – від 1939 року, і останній бій вояків УПА в цьому селі відбувся всього 15 років тому назад.

Безумовно, такого спектаклю ми не могли побачити де інде, тому сиділи принишклі, ловлячи кожне слово. І, можливо, ті зернятка добра, поваги і любові, згодом помножені на інші добрі справи, принесли і в нас певний духовний плід. Вже набагато пізніше, познайомившись з поезіями Богдана-Ігоря Антонича, я натрапив на ці його слова:

Хай грає пісня серед герця,
бо це найбільша з перемог –
У жолобі мойого серця
сьогодні народився Бог.

Саме так! Серед всіх нечистот цього світу, яких і так більше ніж достатньо в нашому серці і які безупинно нас атакують, одного дня має народитися Бог.

Пройшов час, і я став татом. Одного дня мені на очі потрапив вірш українського поета Степана Галябарди, навіяний його власними дитячими спогадами святкування Різдва. І цей вірш ніби повернув і мене в моє дитинство, і тому не дивно, що виникла пісня. По сюжету вірша поет цитував колядку:

Дивная новина –
Нині Діва Сина
Породила у вертепі,
Марія Єдина.

І цю колядку в пісні я доручив співати своєму 9-ти річному синові. Згодом прийшов час Різдва, і цього разу вже мій син Олекса, взявши з собою ще меншого двоюрідного брата Івана, пішли колядувати тією ж вулицею, якою бігав і я, вигукуючи: «Дайте, дядьку, п'ятака!». Але вони своїми дитячими голосами старанно виспівували історію про народження Божого Сина. Поверталась додому щасливі, з повною торбою гостинців, яких наколядували. Діти є діти – ще і по-сьогодні старші люди на вулиці згадують їх коляду.

Віктор Грицишин, 2024

MY *KOLIADA*

Christmas is undoubtedly the best-loved holiday in Ukraine. For each of us it comes as a reflection of our personal experiences and circumstances, a mirror of the daily life of our families and nations. My dad, when explaining this or that situation to me and my brother, often used to say: 'An apple never rolls far from the tree.' It's hard to argue here, for this is what our Lord said: 'And ye do which ye have seen with your father.'

I was born in an industrial area of Ukraine where cities, towns, and villages, in their day, had seen machine-gun carts driven by Nestor Makhno's anarchists[14], and then collectivisation[15], dekulakisation[16] (which badly affected my mum's family), the Holodomor[17] of 1932–1933, the Second World War and the post-war famine. Also, my city, at the time, was overrun with criminals who used to be routinely dispatched to various sites to undertake hard and hazardous works. I am only explaining all this as an illustration of what can prove formative in one's life.

My parents weren't particularly religious or devout, but they had a very clear idea of good and evil, and tried to teach this understanding to me and my brother. I can remember my dad preparing *kutia* for Christ-

---

[14] Nestor Makhno (1888–1934), also known as Bat'ko Makhno, was a Ukrainian anarchist revolutionary and the commander of the Revolutionary Insurgent Army of Ukraine during the Ukrainian War of Independence (1918–1921).

[15] Under collectivisation (1928–1933) the Soviet peasantry were forced to give up their individual farms and join large collective farms (kolkhozy).

[16] Dekulakisation, or the 'liquidation of the kulaks (wealthy peasants) as a class', was part of Stalin's 'second revolution' (or 'revolution from above'), launched at the end of 1929 with the decision to collectivise millions of peasant households.

[17] The Holodomor, also known as the Great Ukrainian Famine, was a man-made famine in Soviet Ukraine from 1932 to 1933 that killed millions of Ukrainians. The Holodomor was part of the wider Soviet famine of 1930–1933 which affected the major grain-producing areas of the Soviet Union.

mas Eve, never entrusting this solemn duty to anyone else's ministrations. He would place tiny poppy seeds in a pot, and set about carefully grinding those in milk, then cooking dried and smoked pears into *uzvar*, add the latter – along with wheat and honey – to the pulverised poppy, and thus *kutia* was ready. When still little, my brother and I were always excited by the proceedings for that was the only day when our dad was in charge in the kitchen. Why any of this? Why this wonderful dish was only available once a year? We had lots of questions, while also pleading with our dad to tell some funny stories from his own childhood. Even if we knew them all by heart, we were invariably riveted.

My dad was born in Ternopil Oblast,[18] and during the first 11 years of his life he was a resident of the Polish state. Lots of Poles lived in his village, too. Children of school age were expected to attend the Polish Catholic church. So once, on his way home, my then school-pupil-age dad witnessed a funny incident.

Nearby the church lived a Polish family who were celebrating Christmas in their own way. The husband, having placed the pot with *kutia* on his head, had to go three times round his own house while his wife, standing in the doorway, had to be asking; 'Who's there?' The husband was supposed to reply: 'Our Lord is there, carrying *kutia* on his head.' So, the husband made one round, then another one but the third time he tripped and fell, breaking the pot with *kutia*. Meanwhile the wife, oblivious to this misfortune, kept going; "Who's there?" The husband's response was a string of passionate curses, and my brother and I were bursting our sides.

The desired effect achieved, we all were now enjoying ourselves, the fire dancing in the oven, all of us jolly and warm.

Then followed the mystery of Christmas Eve. Though nothing particularly miraculous was taking place, the atmosphere in our home was solemn and quiet. The following morning, hastily thrown on some clothes, we ran out to our nearest neighbours' house – to perform *koliadkas*, rapidly belting out the well-learnt words:

Koliad, koliad, koliadnytsia,
Bread is tasty when with honey,

....

[18] County equivalent.

And without, it's not good,
Give us, dear Sir, five kopecks,
No, five kopecks isn't good,
Better give us a paper Ruble!

We could hardly wait to see what we would be given, for several kopecks of your own money made you feel like a proper grown-up. So, at the time, that was our understanding of the essence of Christmas.

When I turned 12, the parents decided to move back to a village in Ternopil Oblast where our paternal grandparents lived on a farmstead that belonged to Village Dovzhanka, across which ran a small but fast-flowing river of the same name. The farmstead had no electricity, for what was the point of dragging across the poles and wire if the farmstead consisted of only three households?

The life in our *khata*,[19] especially in the winter, concentrated around the oven and the kerosine lamp. Once a week I would return home with a pile of books borrowed from the village library, for what else was there to do once the homework was already completed and the snowstorm was raging outside?

And then came the day of Christmas. I woke early, the sky outside barely grey. Felt boots on bare feet and some first-best garment hastily pulled on, I popped outside to have a pee – since there was no toilet inside. About 800 metres to the east, the village sat on the hump of the opposite riverbank, and one could clearly make out several houses as if chiselled against the white snowy background. I must have looked in that direction numerous times but for some reason, I can vividly picture this view even today.

I could clearly see light in some windows, and then a bevy of children that ran out of one house and merrily raced towards the other. A short time after, it all was happening again. I could pick out excited children's voices that were ringing out in the distance. What was going on and why wasn't I included? I went back inside, immersed in thought. At home, everything was as per usual. Granny Marynka was fussing by the oven; granddad was out in the stable, tending to the cattle who were indifferent

---

[19] A traditional word to for a single-owned house in Ukrainian.

to the fact of whether the day was festive. Everyone was going about their own business.

And then closer to dinnertime, a voice rang out: 'They are coming!' Life on a farmstead was isolated, so we could hear people approaching us on foot or on horseback from afar, especially in good weather. My brother and I clung to the window trying to work out who it was. Far away, on the outskirts of the village, a little crowd of men and women set off towards our farmstead. To tell the truth, there was no road in a real sense of the word, just a field path, used by kids in the summer to take their cattle to pasture, and infrequently driven by carts and barrows. And thus, the visitors had to trudge through snow-swept fields, and then cross the river by a narrow bridge and conquer the steep hill leading to our *khata*, even if we were the closest to the point of entry. It meant that we had about half an hour before the arrival of the visitors.

Our *khata* was suddenly abuzz with hectic activity. My books were hastily cleared off the table, to be replaced with plates and bowls. The interior of the oven was sizzling and bubbling and the room filled with aromas, rich enough to give you a head spin. Granddad Ivan was sharpening the razor on his trouser belt, a clean embroidered shirt already laid out for him on the bed. It is worth mentioning that our granddad was well respected in the village, often turned to in times of need: 'Pan[20] Ivan, you are a learned person, been around a bit, do advise us on what to do.'

True, granddad had spent about ten years in Canada, worked hard and earned a nice sum in dollars. He then was among those few who returned to his native village. He bought a plot of land, sowed his wheat and rye – only to see the Soviets moving in by the time of harvest and requisitioning the lot for the benefit of a *Kolgosp* (collective farm). He knew perfectly well what was otherwise in store for him as decreed by the Soviet state – people in Canada were aware of atrocities committed by communists.

And finally, the bustle outside, the sound of numerous footsteps and a deep voice resounds: 'Dear Sir, let us in, we would like to sing our *koliadkas* for you!'

---

[20] Traditional form of address, like 'Sir.'

'Do come in,' came back my granddad who, by then, was already seated on a little chair in the middle of the room, shaved to a shine and tilting one of his legs over the other with his hands – he was severely disabled by his wounds sustained in the so-called Great Patriotic War. Behind him stood grandma Marynka, her head bowed, and then mum and dad.

And then entered the first person, a self-made star of Bethlehem in his hand, followed by everybody else, engulfed in clouds of frosty vapour. I cannot recall now how many there were: six or eight, but whatever the number, the impressions were breath-taking, since the whole cast of Biblical characters descended on our *khata* to bring us Good News about the birth of Christ. For me, who had ever known '*Give us, dear Sir, five kopecks*', to hear '*Joy, oh, joy to you, oh earth, for the Son of God is born!*' was both unknown and incomprehensible. Meanwhile, a new *koliadka* was ringing out:

> *Christ is born, God is among us,*
> *Angels sing, and greet the King.*

Who is he, this Son of God, and why is he worthy of so much attention and accolade? On our walls hung the drawings, a product of some local dauber's creative effort, showing a beautiful woman and some man, referred to as God's mother and Christ. The adults used to admonish my brother and me, when we misbehaved, by pointing at those pictures and saying: 'He, our Lord, sees it all!' However, this predicament was easy to overcome – by veiling those painted eyes with embroidered towels, used as decoration round the icons.

Meanwhile our visitors were telling us about the three wise men from the Orient that had been following the Star, and the Star was showing them the way. And just like that, our guests were also led by their Star, and the Star led them to our *khata* so that they could bring us glad news and recount the story about hardship and privations experienced by Joseph and Mary, tell us about wicked Herod who had been guilty of having little children slaughtered, for which evil deed his own horse threw him out of the saddle and then urinated on his face. This last tale sent us into a paroxysm of giggles. Also, in hobbled a goat (a woman in fancy dress) and kept trying to pinch somebody, or give someone a push. Then we all sang together:

New joy is upon us like never before,
A bright star above the cave lights the whole world.

And also:

News has come to Bethlehem:
Pure Virgin gave birth to a son.
Swaddled in a crib, among the young cattle,
The eternal God rests on the hay.

I was listening to the unknown words, deep in contemplation: how is it possible to place a newborn in a crib by a cow? Even as a little boy, I had been putting quite a few of them out to pasture and knew that each one had its own temper, and at times the only way to manage them was to use a stick.

Afterwards we all gathered around the festive table, raising glasses to the master and his wife, their children, and grandchildren, that is my brother and me. The house was full of animated bustle, we all were having fun. After a quick meal the wayfarers set off towards the other *khatas*, eager to share glad tidings with those households, too. It wasn't us sending them on their way – everyone knows that winter days are short…

It took me quite some time to realise that we had been visited by the local amateur theatrical group whose members played all those various parts for our benefit. Those people, mostly advanced in age, were never broken by the pseudo-Moral Code of the Builder of Communism[21] and carried on, true to the ways of their ancestors to the best of their ability. Besides, here, in the western part of Ukraine, the misanthropic Soviet ideology had been in place for a shorter period of time as compared to other areas as it had only been annexed by the Soviet Union in 1939.

---

[21] Moral Code of the Builder of Communism was a set of twelve codified moral rules in the Soviet Union which every member of the Communist Party of the USSR and every Komsomol member were supposed to follow.

Also, the last raid carried out by the Ukrainian Insurgent Army[22] in this village had taken place only 15 years previously.

Without doubt, we couldn't have seen a performance like this anywhere else, and so we sat there, mesmerised, drinking in each word. It is possible that those tiny seeds of goodness, honour, and love, nurtured by other kind deeds afterwards, have contributed towards bearing fruit of our spiritual maturity in the future. Many years later I discovered for myself the poetry of Bogdan-Ihor Antonich, and came across these words:

Let the song ring in Cossack's heart when he engages in battle,
However, is the greatest victory is this:
My lament, my heartache
Has led me today to God!

How very true! Confronted with all the filth that exists in our world, works its way into our hearts to provoke us incessantly, a day must come when God is born.

Years later I became a father, and one day happened upon a poem by Stepan Haliabarda – inspired by his recollections of celebrating Christmas as a boy. The poem transported me into my own childhood, so it's little wonder that as a result I wrote a song. The poem's storyline includes this *koliadka*:

Miraculous news –
Today, in a cave,
gave birth to a son
the Blessed Virgin Mary.

And I entrusted my 9-year-old son to perform this excerpt from the *koliadka*. The new Christmas came, and now my son Oleksa, having teamed up with his baby cousin Ivan, set off to perform *koliadkas* along the same street where a long time ago I had been crying out:

---

[22] The Ukrainian Insurgent Army was a Ukrainian nationalist paramilitary and partisan formation founded by the Organisation of Ukrainian Nationalists on October 14, 1942

'Give us five kopecks, dear Sir!' Yet our children, in their small voices, were painstakingly trilling a song about the birth of God's Son. They returned home exhilarated, the sack overflowing with presents given to them in return for their heart-felt effort. Even today some of the older residents in our street warmly recall all those performances.

Viktor Grytsyshyn, 2024

KOLIADKAS (TEXTS)

1. Слава рожденному

У надії Божа Мати
Не мала де Сина мати,
У тій стайні, де ягнята,
Там була для неї хата.

Слава рожденному,
В бідних яслах вложеному!

Цілий вік свій мандрувала,
Бо життя ніде не мала...
Кругом невіри ганяли,
Малих діток убивали.

Слава рожденному,
В бідних яслах вложеному!

В земних Господа печалях
Святе Дитя виховали
Старий Йосип і Марія -
Людей-грішників надія!

Слава рожденному,
В бідних яслах вложеному!

І до нього всі звернімось,
Христу Богу поклонімось,
Христу Богу поклонімось!

Відкриває збірник колядка «Слава рожденному» («У надії Божа Мати»), зміст якої символізує духовну перемогу в іспитах – перемогу, що народжується в світлої надії та має велику силу, бо заснована на святості, яку явив світу Господь. Земні батьки Христа пройшли цей шлях у вірі, яка допомогла їм побачити в решті решт славу Творця через народження Спасителя. Музика пісні передає весь драматизм сюжетної лінії. Куплети її (в ролі епізодів) – це ступені до кульмінації, яка супроводжується словами: «Старий Йосиф і Марія людей грішників надія» (такти: 34-38). Перший та другий (початкова частина мікроциклу) куплети пісні передають спокійний, епічно-філософський настрій: уявляється пейзаж далини, який виступає символом життєвого кола людини, що не поспішаючи рухається вперед, перемагаючи його тяги. Музика передає цей стан із допомогою певної низки рис звучання: помірний темп; хоральний тип фактури; крупні тривалості нот у хоровій партитурі; мелодія пісні достатньо пожвавлена, має рельєфний малюнок. Найбільшого рівня драматизм сюжетної колізії досягає в третьому куплеті (середня динамічна частина мікро циклу): тканина партитури стає насиченою; у басів з'являється яскравий мелодичний матеріал; звучання в цілому передає стан, що поєднує в собі спокій та мужність, глибокі роздуми та внутрішню силу. Завершення пісні (четвертий куплет) повертає нас до тієї картини, що була з самого початку. Це своєрідна арка, що об'єднує весь мікроцикл, як с точки зору характеру віддзеркалення художньої ідеї, та й смислового змісту, де відбувається звернення до вічності, що скрита в Божому промислі.

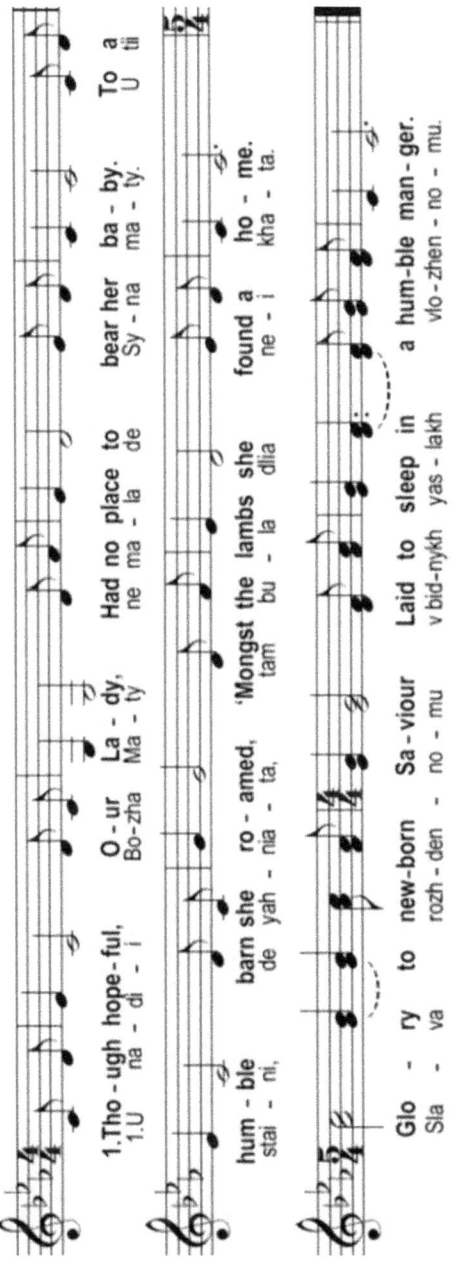

1. Slava rozhdennomu (Though Hopeful, Our Lady)

Though hopeful, Our Lady,
Had no place to bear her baby.
To a humble barn she roamed,
'Mongst the lambs she found a home.

Glory to newborn Saviour
Laid to sleep in a humble manger.

All her life she had to rove
For to flee from grief and woe.
Persecuted by the faithless
Who were slaying little babies.

Glory to newborn Saviour
Laid to sleep in a humble manger.

And God's sorrow embracing
The Holy Child they were raising —
Pious Joseph, advanced in years,
And his Mary, the hope of sinners.

Glory to newborn Saviour
Laid to sleep in a humble manger.

Turn to Him, may He be with us,
Let us worship our Lord Jesus.
Let us worship our Lord Jesus!

The anthology opens with *koliadka* 'Slava rozhdennomy' – '*U nadii bozha maty*' (*Though Hopeful, Our Lady*), that explores the theme of overcoming hardship in triumph of holiness brought into this world by Our Lord. The earthly parents of Christ made this journey assisted by faith that, in the end, helped them realise the glory of the Creator through the birth of the Saviour. The music of the song conveys the dramatism of the storyline. The stanzas are like steps toward the denouement: 'Pious Joseph, advanced in years// And his Mary, the hope of sinners' (bars: 34-38). The first and the second stanzas are quiet and epically philosophical in mood. One can imagine a landscape that represents a cycle of life, and a person that slowly moves forward, overcoming all cravings. Music describes it all with the help of a certain set of sound features: *tempo moderato* and a certain quality of the choral texture; duration of notes in the choral score. The melody of the song has a well-defined pattern. The plot reaches its dramatic pinnacle in the third stanza (the middle dynamic part of the micro cycle). There the texture of the score acquires new richness, and the basses display new melodic brightness. The sound conveys a state that combines calmness and courage, deep reflection, and inner strength. The end of the song (the fourth stanza) brings us back to the picture in the beginning. This is a kind of an arch that unites the entire micro cycle, both from the point of view of the musical material and its semantic content, where there is an appeal to Eternity, hidden in God's Providence.

2. А в нашого пана

А в нашого пана,
У його домі, як у раї.
Як у раї раненько
Поють янголи тихенько.
(Хор):
Як у раї рааненько
Поють янголи тихенько.

Діва Марія
Сина зродила.
Як у раї раненько
Поють янголи тихенько.
(Хор):
Як у раї раненько
Поють янголи тихенько.

Сина зродила,
В яслах сповила.
Як у раї раненько
Поють янголи тихенько.
(Хор):
Як у раї раненько
Поють янголи тихенько.
Поють…

Колядка «***А в нашого пана***» передає теплу й світлу атмосферу затишку в домі. Створенню цієї картини сприяє композиційний план пісні, який побудовано на чергуванні об'ємних епізодів, що транслюють картину предвічності, певної непохитності та глибокої людської життєрадісності. Один із епізодів побудовано на матеріалі першого (такти: 1-7) та другого (такти: 11-16) куплетів. Він поєднує в собі неспішну мелодію та хорал на органному пункті тоніки (темброва педаль у тенорів та басів). Інший епізод відрізняє пожвавлений інтонаційно-ритмічний, акордове-гармонійний та фактурний рух (приспіви; останній (третій) куплет).

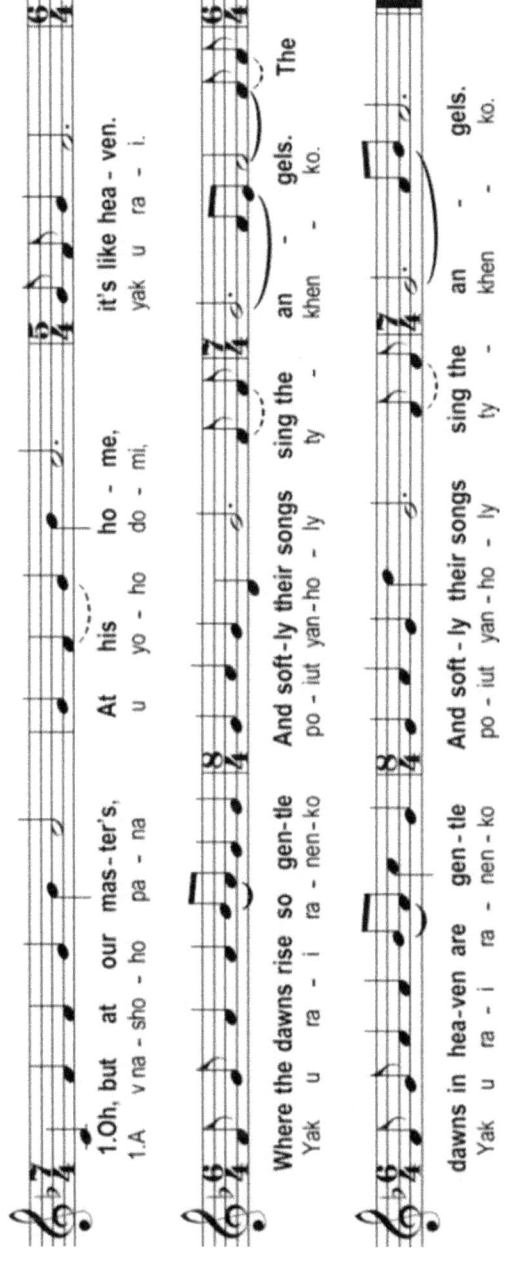

2. *A v nashogo pana (Oh, but at Our Master's)*

Oh, but at our master's,
At his home, it's like heaven.
Where the dawns rise so gentle,
And softly their songs sing the angels.
(Choir):
The dawns in heaven are gentle,
And softly their songs sing the angels.

The Virgin Mary
Bore her son Jesus. As in heaven…
Where the dawns are so gentle,
And softly their songs sing the angels.
(Choir):
The dawns in heaven are gentle,
And softly their songs sing the angels.

Swaddled him gently,
Placed in a manger. As in heaven…
Where the dawns are so gentle,
And softly their songs sing the angels.
(Choir):
The dawns in heaven are gentle,
And softly their songs sing the angels.
They sing…

This *koliadka* revives an atmosphere of domestic cordiality and peace. This effect is achieved through an artful use of compositional features – alternation of themes conveying the ideas of eternity, confidence, and cheerfulness of spirit. One of such themes is developing in the first (bars 1-7) and second (bars: 11-16) stanzas. The dream-like tune and the chorale are brought together on the organ pedal of the tonic key (parties of tenors and basses). Another theme (refrains and the final stanza) is made prominent through a dynamic rhythmic intonation, harmony of chords and texture.

3. Пане, пане господарю

Пане, пане господарю,
Пусти нас до хати,
Хочем тобі, господарю,
Заколядувати.

Приспів:
Наш Ісус мале дитя,
Він дарує нам життя,
Щоб щасливо проживали
І горя не знали. (2)

А ми - люди подорожні,
З дороги збдудили,
І до тебе, господарю,
Всі ми загостили.

Приспів. (2)

Ми не хочем їсти, пити,
Тільки відпочити,
Хочем твою хатиноньку
Та й розвеселити.

Приспів. (2)

Народженого Ісуса
Радо прославляймо,
Йому велич свого серця
І поклін відаймо.

Приспів. (2)

Фактурне різнобарв'я є характерне для колядки «Пане, пане господарю!», місцепоходження якої – Волинь.

Хорова тканина у першому куплеті має риси хоралу, який виступає фоном чіткої мелодії, що нагадує рівномірний, безперервний рух. Унісон чоловічих голосів у другому куплеті передає суворий, мужній настрій (символ подорожі). У переклик із ним вступає початок третього куплету, де звучить октавний унісон хору (сопрано, альти, тенори, баси). Дали іде ускладнення фактури шляхом переходу на поліфонічний тип викладання матеріалу (сопрано та тенори звучать у терцію, альти та баси тримають довгі ноти, що служать гармонійним наповненням та опорою). У четвертому куплеті мелодія в терцію частково звучить у сопрано та альтів. В останньому куплеті додається (за бажанням) партія соліста (рельєфні мотиви, в одному з яких звучить мелодійна кульмінація).

3. Pane, pane hospodariu (Dear Sir, Esteemed Esquire)

Dear sir, esteemed esquire —
Though tired from travel,
If you let us in, esquire,
We'll sing you a carol.

Refrain:
Baby Jesus, king of kings,
Gift of life to us he brings,
So that our life could flow
Free from any woe (2).

As for us, we are wayfarers
Straying off their road.
This is how, sir, we ended
By your nice abode.

Refrain (2):

Neither food we wish, nor water —
Only a repose,
And to gladden your good home,
And to make it joyous.

Refrain (2):

Born is Jesus, our Jesus!
Let us celebrate him.
From the bottom of our souls
Let us venerate him.

Refrain (2):

This *koliadka*, originating from the area of Volyn, stands out for its textural variegation.

The choral texture in the first stanza is defined by chorale that establishes a precise melodic pattern, reminiscent of the measured uninterrupted movement. The unison of male voices in the second stanza conveys a severe sentiment of masculinity (a symbol of travel). The third stanza unites different voices in the octave unison (sopranos, altos, tenors, basses). Subsequently, the texture evolves into a new complexity that is achieved by switching to a polyphony of interpretation (sopranos and tenors sing in major third, altos and basses hold long notes that give depth to harmony and provide support). In the fourth stanza, the melody in major third is partially carried out by sopranos and altos. If desired, the last stanza may feature the part of the soloist (one of these multi-dimensional strings includes the melodic climax).

4. Ясніший від сонця

Ясніший від сонця,
у яскині нині
Ісус Бог лежить
у яслах на сіні.

Хор: і холод терпить,
Соліст: терпить,
Хор: наш Творець тремтить,
Соліст: Котрий,
Хор: Котрий
Соліст: весь
Хор: весь світ
Соліст: світ
Хор: весь світ
Соліст: світ у руках держить,
Хор: світ у руках держить.

Сонце, місяць і зорі
ясно освітляють.
Гори, й доли і моря
радісно вітають.

Хор: і Поля й діброви
Соліст: Поля
Хор: чтуть Царя слави,
Соліст: всі
Хор: вони
Соліст: чтуть
Хор: Царя
Соліст: всі
Хор: вони
Соліст: чтуть

Хор: Царя, у Його державі,
Соліст: у Його державі.

Ясніший від сонця,
у яскині нині
Ісус Бог лежить
у яслах на сіні

Ця колядка яскраво ілюструє гру в зміну мінорного та мажорного ладів (паралельно-перемінна система звукорядів).

Її пожвавлений темп, рельєфність мелодичного змісту голосів, по черзі виступаючих у якості інтонаційно-ритмічної лінії, створюють картину радості та одночасно, глибокого духовного відчуття великого Свята. Тут знаходять глибокий прояв та поєднання між собою благородство і драматизм. Вони віддзеркалюються через певну низку рис звучання. Спокій та, одночасно, рішучість у партії баритону вступають, час від часу, в переклик із динамічними та лаконічними фразами хору. Загострює характер музичного оповідання одна з інверсій септакорду четвертого підвищеного ступеня гами та подвійний домінантовий септакорд у хорової вертикалі, які з'являється в деяких каденційних оборотах.

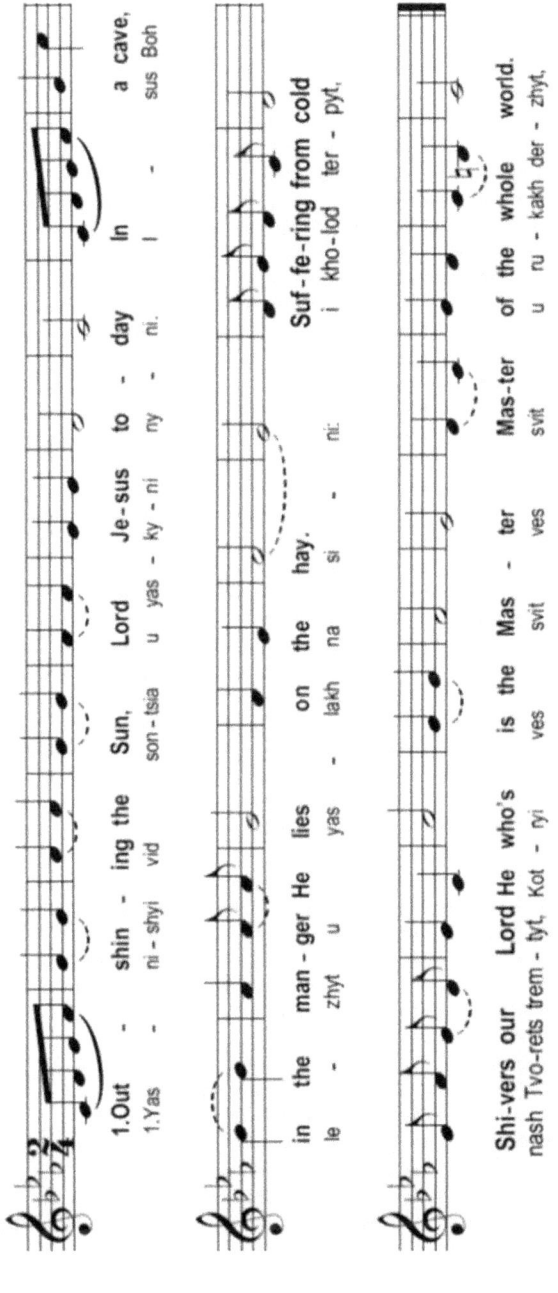

4. Yasnishyi vid sontsia (Outshining the Sun)

Outshining the Sun,
Lord Jesus today
In a cave, in the manger
He lies on the hay.

Choir: Suffering from cold
Soloist: From cold
Choir: Shivers our Lord
Soloist: He who
Choir: He who's
Soloist: Is
Choir: Master
Soloist: The
Choir: Of the
Soloist: Master of the whole world.
Choir: Master of the whole world.

The sun, the moon, and stars
Are brightly shining forth.
Mountains, valleys, and the seas
Now all rejoice.

Choir: Meadows and groves
Soloist: Groves
Choir: Praise the King's glory
Soloist: All
Choir: They do
Soloist: Praise
Choir: the King
Soloist: all
Choir: they do
Soloist: praise

<u>Choir:</u> King and his Kingdom
<u>Soloist:</u> King in his kingdom

Outshining the Sun,
Lord Jesus today
In a cave, in the manger
He lies on the hay.

This *koliadka* is a brilliant example of what could be achieved through a playful alternation of minor and major keys (a parallel-variable system). Its upbeat tempo, multi-dimensional vocals taking over from each other to take the intonational and rhythmic lead, create an atmosphere of jolliness and, simultaneously, evoke a profound sentiment of the Great Miracle. Nobility of feeling and profound dramatism of the storyline are thus harmoniously united – a phenomenon achieved through the use of a range of tools. The part of the baritone demonstrates composure and determination while interacting with dynamic and laconic phrases offered by the choir. The underlying passion is further enhanced by the inversion of the seventh chord of a scale with a raised fourth, and the double dominant seventh chord employed in the choral set-up in certain modulations of the cadence.

5. В Вифлеємі радість стала

В Вифлеємі радість стала,
Зірка з неба засіяла,
В Вифлеємі Син родився,
Він у Бога воплотився
Від Пречистої Марії.
<u>Приспів:</u>
О, Свята Маріє Мати,
Ми прийшли Тебе вітати,
Христос родився!

Він родився і вже знає,
Що весь світ Його чекає.
В ньому Бога всі вбачають
І з мольбами припадають
До заступника – Ісуса.
<u>Приспів:</u> О, Свята…

Я молюся в цю хвилину,
Збережи мою родину,
Дай нам хліба, дай нам волю,
Для Вкраїни кращу долю,
О, молю тебе, Ісусе.

<u>Приспів:</u> О, Свята…

Колядка з Волині «В Вифлеємі радість стала» передає рельєфний темброве-фактурний план.

Відбувається переклик окремих хорових груп (перший куплет; такти: 1-4; баси, пізніше тенори), після якого хорова тканина поступово стає більш насиченою. Далі мелодія (другий куплет) переходить у партії сопрано та альтів (звучить у терцію). У третьому куплеті, на фоні витриманого тону (фа-діез) у сопрано та альтів, звучить мелодія у тенорів та басів унісоном, потім у терцію. Темп тут пожвавлений, лад паралельне-перемінний.

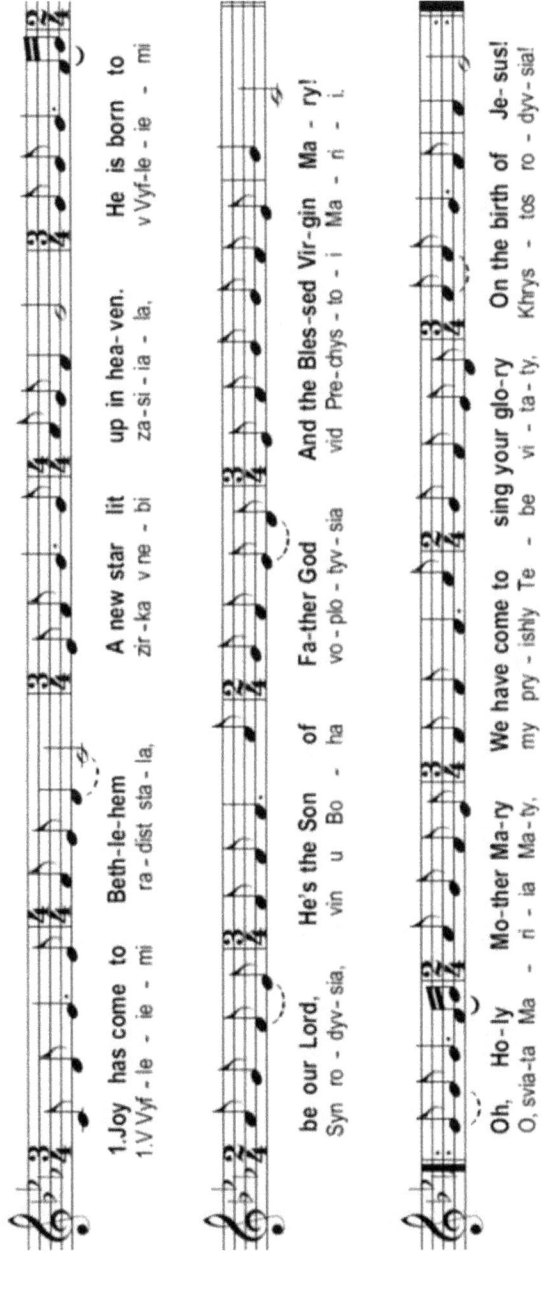

5. V Vifleyemi radist stala (Joy has Come to Bethlehem)

Joy has come to Bethlehem —
A new star lit up in heaven.
He is born, He's now born,
He's the Son of our Lord
And the Blessed Virgin Mary!

<u>Refrain</u>: Oh, Holy Mother Mary,
We have come to sing your glory
On the birth of Jesus!

Newly born, he is aware –
He's awaited everywhere.
We send him our veneration
On our knees in supplication,
Seeking your protection, Jesus!

<u>Refrain</u>: Oh, Holy Mother Mary,
We have come to sing your glory
On the birth of Jesus!

And my prayer goes to him:
Do protect my own kin,
Give us bread and break our fetters,
Make Ukrainian future better,
I'm imploring you, oh Jesus!

<u>Refrain</u>: Oh, Holy Mother Mary…

This *koliadka*, originating from the Volyn Region, offers a multi-dimensional texture of tone quality. The first stanza (bars: 1-4) records a dialogue between different choral groups (basses, later tenors), following which the texture of the choral performance gradually gains in density, leading on to a passage where the melody (second stanza) in taken up by sopranos and altos and is delivered in the third interval. In the third stanza, there is a sustained tone (*F-sharp*) in the parts of sopranos and altos while the leitmotif is carried on by tenors and basses who sing in unison, then in the third. The tempo here is *vivace*, major and minor alternating.

6. Ангели, снижайтеся!

Ангели, снижайтеся,
Ко землі зближайтеся,
бо Господь Бог, сотворши віки,
живе нині з человіки.

Станьте з хором всі собором.
Всі собором станьте з хором,
Веселітеся, радуйтеся,
яко з нами Бог.

Се час ісполняється,
Се Син посилається,
Се літ прийшла кончина,
Се Бог посилає Сина.

День приходить, Діва родить,
Діва родить, день приходить,
Веселітеся, радуйтеся,
яко з нами Бог.

Обіщан пророками,
отчими нароками,
рішить в послідній літа
печать Новаго Завіта.

Дух свободи внутрь нас родит,
внутрь нас родит, дух свободи.
Веселітеся, радуйтеся,
яко з нами Бог.

Ми ж тобі, Рожденному,
Гостеві блаженному,

Серця всіх нас отверзаєм,
в дом душевний призиваєм.

Піснь співая, восклицая,
восклицая, пісня співая,
веселітеся, радуйтеся,
яко з нами Бог.

Колядка «Ангели, снижайтеся!» уявляє собою розгорнуту композицію.

Вона належить видатному українському філософу-містику, богослову, поету, педагогу і композитору літургійної музики Г. С. Сковороді (1722-1794). Унікальність його особистості полягає в глибокому розумінні природи та світу людини. «Бог живе всюди», згідно з філософською позицією Сковороди. Дух Господа Ісуса присутній не лише в релігійній сфері, але й у всьому, що можна побачити навколо. Це стає дуже важливим і в наші дні. Така прогресивна концепція була сформована його інтересом до широких знань. І Сковорода діставав цього, мандруючи різними країнами Європи. Він побував в Угорщині та Австрії, Польщі та Італії. Також є версія, що він відвідував Німеччину. Це допомогло йому познайомитися з вченими – своїми сучасниками, та стати філософом європейського рівня.

В цій пісні широко представлено хоровий вокаліз (такти: 1-11; 79-89). Серед прийомів динамізації у показі цього матеріалу автор використовує секвенцію. У процесі викладення пісні з текстом активно показано гра (чергування) мажору та мінору (поріднені, однак не паралельні тональності). Відчуття торжества, сили світлого, радісного початку передаються з допомогою ритмічного унісону, в якому звучить приспів («Бо Господь сотворший віки, живе нині с человіки»).

6. Angely, znyzhaitesia (Oh, Ye Angles, do Descend)

Oh, ye angles, do descend
To the Earth and transcend!
All our ages God designed,
Now among us He resides.

Rise as one, burst in song,
Burst in song, rise as one.
Sing and jubilate aloud,
For God is with us!

Now the hour is upon us
When the Son is sent forth.
Fulness of the time is come
God is sending forth his Son.

The day is come, the Virgin bears a son.
The Virgin bears the son, the day is come.
Sing and jubilate aloud,
For God is with us!

Prophesied by oracles,
Our forefathers' covenants,
He shall now make imminent
The word of the New Testament.

Fills our bosom with new freedom,
With new freedom fills our bosom.
Sing and jubilate aloud,
For God is with us!

And to you, the Newborn,
Most blessed of all,

We shall open our souls
Welcome in the hearts of all.

Songs are loud, joy abounds,
Joy abounds, songs are loud.
Sing and jubilate aloud,
For God is with us!

This *koliadka* offers a sweeping overview of the theme. The text was created by a prominent Ukrainian theologian, mystic, philosopher, poet, pedagogue, and composer of liturgic music Hryhorii Skovoroda (1722-1794), his unique understanding of the world and human nature shining through. According to him, God is present everywhere – not only in the religious spheres but all around us. This philosophy is as pertinent today as ever. Skovoroda's world view was motivated by his overwhelming interest in science, literature, and human condition and he sated some of this thirst through travelling, on foot, over various European countries: Hungary and Austria, Poland, and Italy. Allegedly, he had also visited Germany. The impressions of those voyages, and contacts with the prominent minds of his day nourished his mind, and Skovoroda eventually emerged as a philosopher of the truly European calibre.

The song is a fine example of the extensive use of choral vocalise (bars: 1-11 and 79-89). To enhance the text's vitality, the author uses – among other tools – sequencing. Another device is extensive use of alternation of major and minor (related but not parallel keys). The sense of triumph and a cheerful and joyous beginning is conveyed through rhythmic unison in refrain ('All our ages God designed//Now among us He resides').

7. Ой, во граді Вифлеємі

Ой, во граді Вифлеємі
стало чудо на всю землю.
Святий вечір, добрий вечір,
добрим людям на здоров'я!

А у полі на той вечір
стерегли пастирі стадо.
Святий вечір, добрий вечір,
добрим людям на здоров'я!

Їм світ ясний засвітився,
ангел Божий із'явився.
Святий вечір, добрий вечір,
добрим людям на здоров'я!

І сказав їм таку звістку,
що Син Божий народився.
Святий вечір, добрий вечір,
добрим людям на здоров'я!

А ми прийшли вам сказати,
із празником привітати.
Святий вечір, добрий вечір,
добрим людям на здоров'я!

Із празником привітати,
многа літа побажати.
Святий вечір, добрий вечір,
добрим людям на здоров'я!

Колядка «Ой, во граді Вифлеємі» передає бадьорий настрій, атмосферу, яка наповнена світлом та, одночасно, спокоєм.

Пожвавлений темп та мажорний лад роблять її символом радості великого Свята. У цієї пісні знаходить віддзеркалення фактурне-темброва гра. Автор в деяких епізодах дає монотемброву тематичну лінію (такти: 1-4; 33-36 у басів); темброву педаль (такти: 9-12; 17-20; 25-28 у сопрано). Об'єднуючий символ перемоги світла знайшов відображення в ритмічному унісоні приспіву.

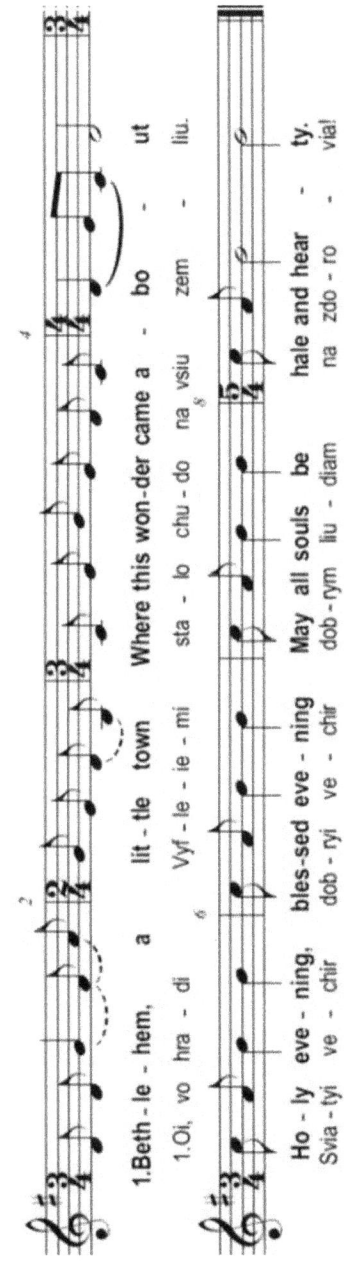

7. Oi, vo hradi Vyfleiemi (Bethlehem, a Little Town)

Bethlehem, a little town
Where this wonder came about.
Holy evening, blessed evening —
May all souls be hale and hearty.

In a field that very evening
Their flocks the shepherds tended.
Holy evening, blessed evening —
May all souls be hale and hearty.

The light shone, bright and clear,
And God's angel did appear.
Holy evening, blessed evening —
May all souls be hale and hearty.

And to them he then announced
That God's son is now born.
Holy evening, blessed evening —
May all souls be hale and hearty.

This is why we're coming here —
So together we would cheer.
Holy evening, blessed evening —
May all souls be hale and hearty.

We are sending our greetings,
Wishing you many happy years.
Holy evening, blessed evening —
May all souls be hale and hearty.

This *koliadka* radiates cheerfulness and creates an atmosphere that is simultaneously luminous and full of calm.

Tempo vivace and major key act as a symbol of joy experienced by all on the Great Day. The song displays alternation of texture and intonation. In some instances, the author employes a monotimbral thematic line (bars: 1-4; 33-36 in the basses); timbre pedal (bars: 9–12; 17–20; 25–28 in soprano). The unifying symbol of light triumphing over darkness is reflected in the rhythmic unison of the chorus.

8. В Вифлеємі днесь Марія

В Вифлеємі днесь Марія Пречиста
породила у вертепі нам Христа.
Слава во вишніх Богу, слава во вишніх Богу,
і мир всім на землі.

Ангел з неба пастирям ся являє,
і веселу сю новину звіщає.
Слава во вишніх Богу, слава во вишніх Богу,
і мир всім на землі.

Із востока за звіздою йдуть царі
і преславні, прерозумні звіздарі.
Слава во вишніх Богу, слава во вишніх Богу,
і мир всім на землі.

Йдуть царі, Христа знаходять в яскині,
між бидляти в бідних яслах на сіні.
Слава во вишніх Богу, слава во вишніх Богу,
і мир всім на землі.

Там смиренно, там смиренно, свій поклін Му віддали.
Пред ним злото, ливан, миро поклали.
Слава во вишніх Богу, слава во вишніх Богу,
і мир всім. Слава!

Ми тако ж Христу поклін свій віддаймо,
і разом з небесним хором співаймо, співаймо.
Слава во вишніх Богу, слава во вишніх Богу,
і мир всім на землі, на землі.

Колядка «В Вифлеємі днесь Марія» це пісня-лікування.

Перевагу має мажорний лад, який змінюється в одному з середніх куплетів паралельним мінором (такти: 38-49) та тональністю домінанти (такти: 70-83). Цікавим елементом драматургії стала ритмічна пульсація восьмими в партії тенорів. Вона виступає своєрідним лейтмотивом, що об'єднує всю композицію та тримає динаміку розвитку.

8. V Vyfleiemi dnes Mariia (In a Humble Barn in Bethlehem Tonight)

In a humble barn, in Bethlehem tonight
Most precious Virgin gave us Jesus Christ.
Glory to God in heaven, Glory to God in heaven,
And peace to men on earth.

To the shepherds from the sky an angel comes
So that joyous news he now could announce.
Glory to God in heaven, Glory to God in heaven,
And peace to men on earth.

And the Magi travel west — the star guides them,
And stargazers, those very learned men.
Glory to God in heaven, Glory to God in heaven,
And peace to men on earth.

The Magi discover Jesus in a den
'Mongst young cattle, on the straw, in a poor pen.
Glory to God in heaven, Glory to God in heaven,
And peace to men on earth.

And right there, meek and humble to him they bowed their knee.
Laid before him frankincense, and gold, and myrrh.
Glory to God in heaven, Glory to God in heaven,
And peace to men on earth. Glory!

And we also bow to Jesus, worship him,
And as one with the holy choir we shall sing.
Glory to God in heaven, Glory to God in heaven,
And peace to men on earth.

This *koliadka* is a song of jubilation.

The key signature is predominantly major. In one of the middle stanzas, it gives way to a parallel minor (bars: 38-49) and the key of the dominant (bars: 70-83). An interesting element of the song's dramaturgic set-up is the rhythmic pulsation of quavers in the tenor part. It acts as a kind of leitmotif that brings the entire composition together and maintains the dynamism of development.

9. Ой у яснім небі

Ой у яснім небі
зірка засіяла,
дитину маленьку
Мати колисала:
Спи моя дитино,
спи, малий Ісусе,
сплять малі овечки,
сплять маленькі гуси.
Сплять малі овечки,
сплять маленькі гуси.

Надворі новина,
всі радіють люди.
Бог нам народився,
Бог панує всюди.
Пречистая Діва
Сина оповила.
Спи малий Ісусе,
спи, моя дитино.
Спи малий Ісусе,
спи, моя дитино.

Баси співають: *Спи, солодких снів.*

Колядка «Ой у яснім небі» надає яскравий приклад присутності темброве-фактурних фарб: переклик окремих партій змінюється епізодами, в яких іде поступове уплотніння тканини; зміни ладового контексту (мінор, замість якого звучить паралельний мажор у середині композиції).

Слід звернути увагу на інтонації де звучить гармонійний мінор. Одна з рис пісні – це активне використання органного пункту (*ostinato* на тоніці), з допомогою якого передається рівномірний характер звучання колискової.

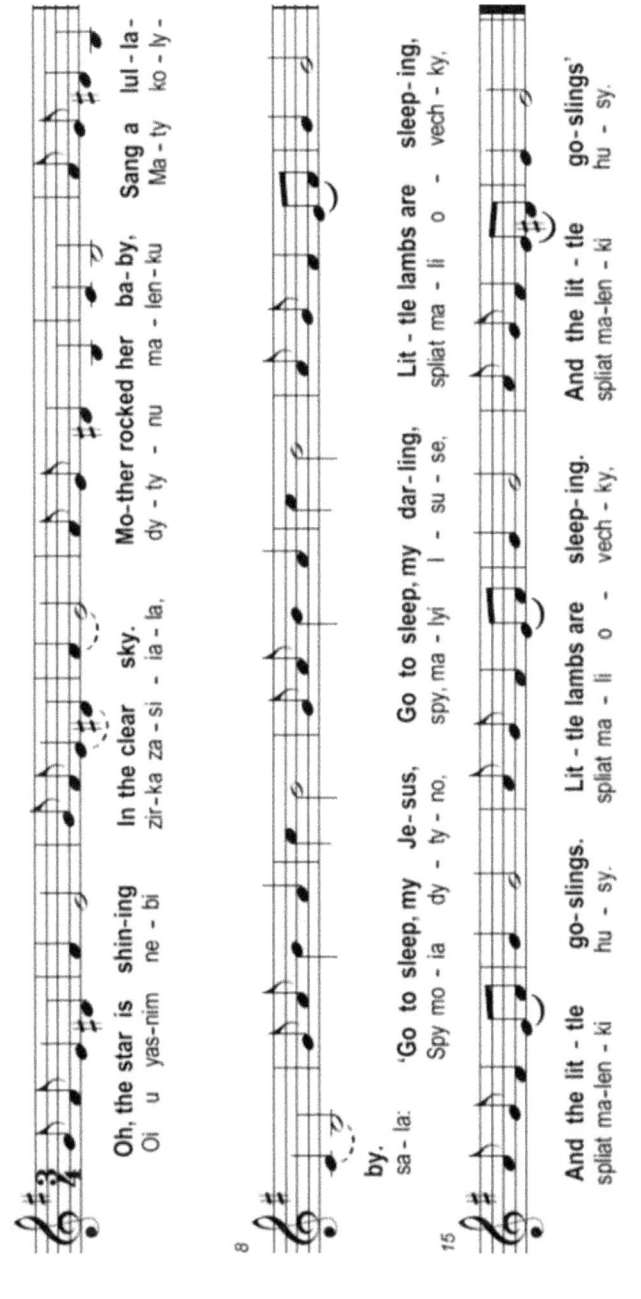

9. Oi, u iasnim nebi (Oh, the Star is Shining)

Oh, the star is shining
In the clear sky.
Mother rocked her bab,
Sang a lullaby.
'Go to sleep, my Jesus,
Go to sleep, my darlingy,
Little lambs are sleeping,
And the little goslings.
Little lambs are sleeping.
And the little goslings.'

Good news is arriving,
And the folk rejoice.
God to us is given,
Everywhere He's master.
And the pure Virgin
Swaddled her new baby:
'Go to sleep, my Jesus,
Go to sleep, my precious.
Go to sleep, my Jesus,
Go to sleep, my precious.'

The basses sing: *Sleep, sweet dreams*.

This song presents an abundance of tonal and textural colours: the interchange between individual voices that gradually gives way to a much denser texture; alternation in tonality where in the middle of the composition the minor keys are substituted by a parallel major.

It is worth paying attention to the intonations created through introduction of the harmonic minor. One of the characteristics of the song is the active use of an organ-point (*ostinato* on the key-note), which helps convey the metronomic nature of a lullaby.

10. Ой, три славнії царі!

Ой, три славнії царі,
звідки ви прийшли?
З далекого краю,
за звіздою йшли.
Щоб побачить рожденного
Христа Бога правдивого. |
З Пречистої Діви, Діви Марії. (2)

З далекого Сходу ми сюди прийшли!
Злато, смирну й ладан – дари принесли.
Щоб Дитятко звеселіло
і нас всіх благословило.
Його прославляймо, пісні співаймо. (2)

Ангели співають, славу віщають.
Пастирі щасливі людям сповіщають,
Що Христос Бог народився, |
в людське тіло воплотився. |
Слава Рожденному й Матінці Його! (2)

Колядка «Ой, три славнії царі» – це пісня-картина подорожі мудреців.

Її відрізняє ритмічний унісон; помірний, але безперервний рух; рішучість; ладові зміни (мінор-паралельний мажор); темброва педаль (другий куплет; партія сопрано та тенорів). Наявність гармонійного мінору (другий куплет), сприяє глибокому уявленню атмосфери Сходу, його природи, таємниць. Розфарбовують мелодію, також, інтонації мелодійного мінору (завершальні такти куплетів), які передають чіткість та особливий відтінок каденційним епізодам.

10. Oi, try slavni tsari (Oh, Three Wise Magi)

Oh, three wise Magi,
From whence you are?
From afar we've travelled
Following the star —
For to see the newly born,
Jesus, our genuine Lord,
Born by Blessed Virgin, Holy Mary.

From the distant Orient we are coming here,
Gold, and myrrh, and frankincense we are bringing here.
So, the baby be enthralled
And gave blessing to us all.
And we sing his glory,
Jubilant and jolly.

The angels are singing of the glorious truth.
And the joyous shepherds bring us happy news.
That Christ Our Lord is born,
He has taken human form.
Glory to the mother and her newborn!

The *koliadka* 'Oi, try slavni tsari' portrays the journey undertaken by the three wise men.

Its distinctive feature is the use of rhythmic unison that creates the image of measured but continuous movement. The composer employs mode changes (minor and parallel major keys); tonal pedal (second stanza; the section of sopranos and tenors). The harmonic minor scale that sounds in the second stanza invokes a vivid image of the Orient, with its nature, and mysteries. More colour is added to the melody through introduction of the intonations of melodic minor (the final bars in stanzas), which give new precision and a particular flavour to cadences.

11. Добривечір, хазяїну!

Добривечір, хазяїну чи спиш, чи лежиш?
Чом ти свого подвір'ячка та й не оглядиш?
Чом ти свого подвір'ячка та й не оглядиш?

А в нашого хазяїна на його дворі
печуть рибу осятрину та всій родині,
печуть рибу осятрину та всій родині.

Стоять столи тисовії на його дворі,
Горять свічі восковії на кожнім столі.
Горять свічі восковії на кожнім столі.

А ми тебе хазяїну не забуваєм.
З новим світлом, святим Різдвом всіх вітаєм!
З новим світлом, святим Різдвом всіх вітаєм!

Колядка «Добривечір, хазяїну!», яка записана Дмитром Яворницьким (1855-1940) на Дніпровщині – це хорова мініатюра епічного плану.

Помірний темп, мажорний лад (в третьому куплеті змінюється паралельним мінором), ритмічний унісон всіх голосів, перевага епізодів на органному пункті тоніки (наприкінці дається поступовий рух к низу по звукам верхнього тетрахорду в басу) передають настрій величавого спокою мудрості, відчуття вічності світлої, наповненої Божим духом.

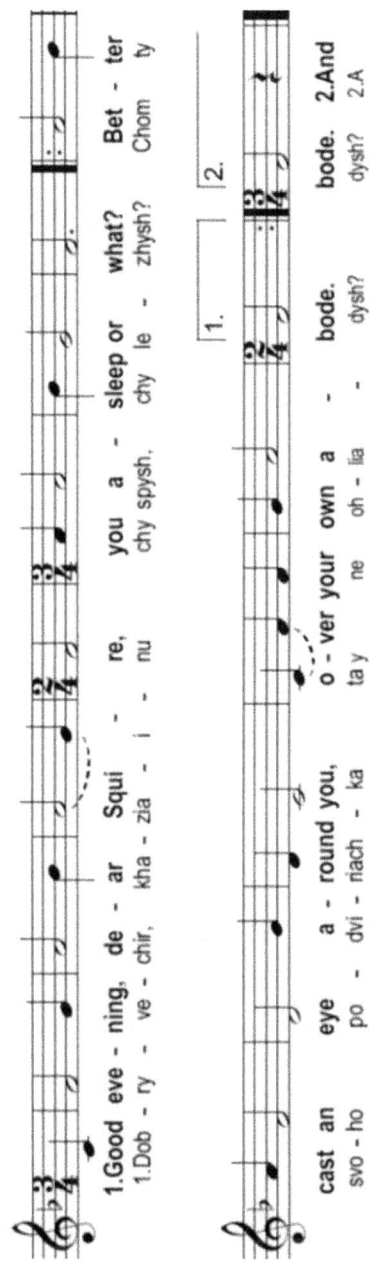

11. Dobryvechir, khaziainu! (Good Evening, Dear Squire!)

Good evening, dear Squire, you asleep or what?
Better cast an eye around you, over your own abode.
Better cast an eye around you, over your own abode.

And at our dear Squire's, lo and behold!
Some nice sturgeon's being roasted for his household.
Some nice sturgeon's being roasted for his household.

The tables are of sturdy yew, in his own backyard.
The candles are of pure wax, on tables in his yard.
The candles are of pure wax on tables in his yard.

Good tidings, our dear Squire, we shall bring to you
We all rejoice on this new light, and the Holy Christmas, too.
We all rejoice on the new light, and the Holy Christmas, too.

'Dobryvechir, khaziainu!' was first recorded by Dmytro Yavornitsky (1855-1940) in the Dnipro Region.

This *koliadka* is a dramatic narrative composition performed as a choral miniature. A sense of sublime peace and wisdom, of luminous eternity filled with God's spirit is conveyed through the use of the moderate tempo and the major mode that, in the third stanza, is replaced with a parallel minor. In this song one can hear the rhythmic unison of all voices, the predominance of episodes employing the organ point (pedal) of the tonic key, while at the end, the melody passes along the lines of a gradual descending movement that uses the notes of the upper tetrachord in the bass.

12. Нуте, нуте, браття, сусіди!

Нуте, нуте, браття, сусіди,
Покиньмо лиха, забудьмо біди.
Нех ся помножить наша потіха,
Клопіт і біда пропасть до лиха –
Треба, треба, браття-камрати,
Рождшуся Богу поклін отдати.

Радість з неба Янгол звіщає:
Христос Спаситель нам днесь рождає!
Слава во вишніх най Богу буде,
А мир на землі вам, добрі люди!
Треба, треба, браття-камрати,
Рождшуся Богу поклін отдати.

Все то винна бідная Єва,
Що з'їла яблуко з райського древа.
В неволю ввела всі свої діти,
Прийшов Спаситель освободити!
Треба, треба, браття-камрати,
Рождшуся Богу поклін отдати.

Ливан, смирну, злато – три славні царі,
Принесли Йому од себе дари,
А ми всі даймо Ісусу Христу
Душу і тіло, і совість чисту!
Прийми, прийми, наш милий Пане,
ото Ти даєм на що нас стане!

Колядка «Нуте, нуте, браття, сусіди!» була створена на матеріалі рукопису пісні пастухів 18 століття.

Вона звучить як хорал. Однак його особливість полягає в цілої низці рис: динамічний темп; атмосфера радості, бадьорості; мужність (відповідно до змісту тексту пісні); колорит акордів натуральних ступенів ладу; мажор (який в третьому куплеті змінюється паралельним мінором).

СВІТ КОЛЯДИ

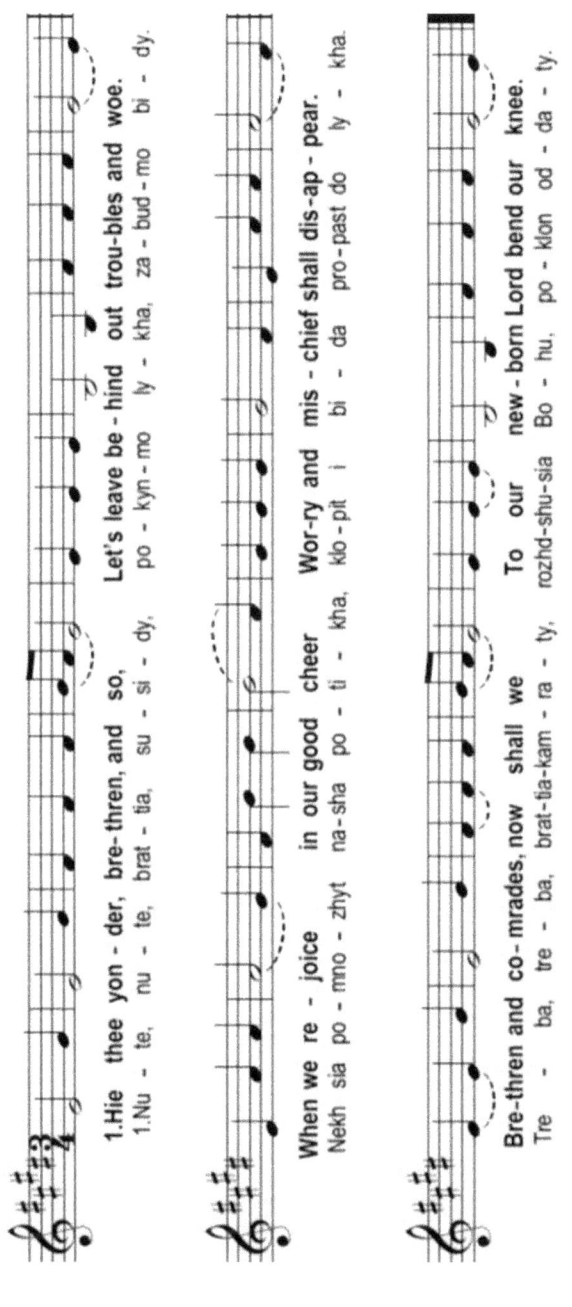

12. Nute, nute, brattia, susidy (Hie Thee Younder, Brethren!)

Hie thee yonder, brethren, and so,
Let's leave behind out troubles and woe.
When we rejoice in our good cheer
Worry and mischief shall disappear.
Brethren and comrades, now shall we
To our new-born Lord bend our knee.

The angel from heaven announces joy,
Our Saviour Christ was born today.
May he be glorious in the high spheres
And You, good people, may live in peace.
Brethren and comrades, now shall we
To our new-born Lord bend our knee.

Poor Eve, the blame is on thee,
You ate an apple from the Edenic tree,
Putting in bondage all children of thee–
The Saviour cometh to set us all free.
Brethren and comrades, now shall we
To our new-born Lord bend our knee.

Frankincense, and gold and myrrh precious
Three kings have brought to him as their presents.
As for us, it is our goal
To offer Christ our body and soul.
Do accept it, our good Lord,
For we bring you all that we've got.

The *koliadka* 'Nute, nute, brattia, susidy!' has been created on the basis of a transcript of a shepherd's song, dating back to the 18th century.

This composition exists within an idiom of a chorale. However, its peculiarity lies in a number of features, among them a dynamic tempo and the atmosphere of joy and cheerfulness; a sense of courageous masculinity (as is dictated by the text of the song), and the colourful use of chords representing the natural degrees of the mode. In the third stanza, the major key is replaced with a parallel minor.

13. Небо ясні зірки вкрили

Небо ясні зірки вкрили,
Та й всю землю освітили.
Щедрий вечір, добрий вечір,
Усім людям на здоров'я.

Снігом ниви спорошило,
На дорогу наносило.
Щедрий вечір, добрий вечір,
Усім людям на здоров'я.

Добрий вечір, господарю,
Ми принесли Бога дари.
Щедрий вечір, добрий вечір,
Усім людям на здоров'я.

Боже Благий, Боже Щирий,
Пішли же нам рік щасливий.
Щедрий вечір, добрий вечір,
Усім людям на здоров'я.

Колядка з Тернопільщини – «Небо ясні зірки вкрили» – передає глибоку ліричну канву: стан суму (нічне небо), який починає змінюватися на більш пожвавлений настрій (зірка освітлює простір).

У пісні важливу роль грають як класичні прийоми динамізації тканини, та й риси, властиві тільки їй. Це моно-темброве проведення мелодії (перший куплет; тенори); темброва педаль (такти: 20-22 у сопрано та басів; 36-39 у сопрано); поліфонічне збагачення завдяки самостійної мелодійної трактовці голосу, який веде лінію супроводу (такти: 44 та до кінця; приспів).

13. Nebo yasni zirky vryly (The Sky is Clear, the Stars a-Glow)

The sky is clear, the stars a-glow,
They are lighting the earth below.
Bounteous evening, glorious evening —
May all souls be hale and hearty.

The fields are dusted with snow,
And roads, too, are blown-over.
Bounteous evening, glorious evening —
May all souls be hale and hearty.

Good evening, Sir, from wayfarers
To ye God's gifts we are bearing.
Bounteous evening, glorious evening —
May all souls be hale and hearty.

Benevolent Lord, all-merciful and dear,
Send us an abundant year.
Bounteous evening, glorious evening —
May all souls be hale and hearty.

A *koliadka* from the Ternopil Region – 'Nebo yasni zirky vkryly' – paints a profound canvas using a variety of lyrical tropes.

The wistful mood portraying a picture of the sky at night gradually picks up in dynamism when the stars come out to illuminate the celestial space. An important role in the song belongs to both the classical methods of dynamising the choral texture, and the devices unique for this piece. These include: the monotimbral arrangement of the melody (first stanza; tenors); timbre pedal (bars: 20-22 for soprano and bass; 36-39 for soprano); polyphonic enrichment achieved through interpreting the voice that leads the accompaniment as an independent line in the melody (bars: 44 to the end; chorus).

14. Пастирі милі

Пастирі милі, где ви днесь били?
Где ви бивали, щось ви видали?
Грядем днесь із Вифлеєма,
із града уничижена,
но днесь блаженна.

Коє ж оттуду несете чудо?
Нам пророците, благовістіте.
Виділи ми вновь рожденно
Отроча свято, блаженно,
Владику всім нам.

Кия палати імієт Тоє,
ах, всеблаженно Чадо Царскоє?
Вертеп вибит под скалою
і то простою рукою –
Се чертог Єго.

М'ягка постель ли? В красном ли ложи
Сей почиваєт чудний Син Божий?
В яслях Мати кладет траву,
ту ж перину і под главу –
Се Царска кровать!

Кия там слуги от домочадцов
імієт тоє мілоє Чадцо?
Овци і мули с ослами,
воли і коні с козлами –
Се домочадци!

Кую же той дом вкушаєт піщу?
Разві імієт трапезу нищу?
Піща в зеллі, в млеці, в зерні –

Се стол ранній и вечерній,
в том чудном домі.

Музика там ли модна і лестна
увеселяєт Царя Небесна?
Пастирській сонм на свирілках
хвалит Єго на сопілках
препростим хором.

Кия же ризи? Мню, златотканни
у сего Сина Марії Панни.
Баволна, і лен, і волн –
Сим нищета предовольна
в наготі своєй.

Колядка, яку створив свого часу Г. С. Сковорода – «Пастирі милі» – показує віртуозну гру тембрів.

Спочатку фрази (їх декілька) звучать у сопрано та альтів, потім (у відповідь їм) співають тенори й баси (перший та другий куплети). Далі (третій та четвертий куплети), після викладання матеріалу пісні цілим хором, звучить тільки жіноча група (сопрано та альти). У п'ятому куплети мелодію ведуть чоловічі голоси (тенори, баси), однак рельєфні репліки сопрано та альтів (приспів) вносять різнобарв'я у тканину партитури. У шостому куплети, коли вступає приспів жіночі голоси ведуть мелодію, група чоловічих голосів відповідає реплікою. Сьомий та восьмий куплети викладає весь хор. Автор додає яскраві мелодичні лінії (альти), що розфарбовують фактуру та сприяють динамізації руху в цілому.

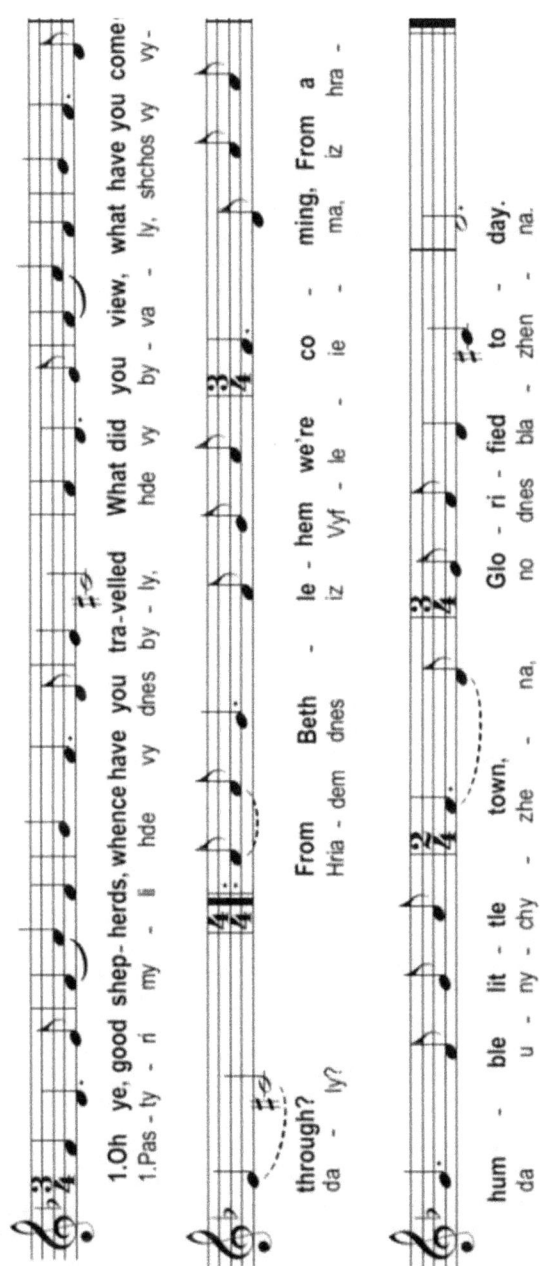

14. Pastyri myli (Oh, Ye, Good Shepherds)

Oh ye, good shepherds, whence have you travelled?
What did you view, what have you come through?
From Bethlehem we're coming,
From a humble little town,
Glorified today.

So, from yonder which bring you wonder?
Do go, pronounce, to us announce.
We have seen a newborn child,
Holy, blessed and glorified,
Lord over all of us.

What are the chambers that He does own
This beatific child so renown?
Hewn in rock, a stable stands,
Built by poor calloused hands. —
That's His palace there.

Is the God's baby snug in his cradle?
Is He in luxury? Is His cot graceful?
Hay was all His mother had,
The manger was His featherbed
And His royal crib!

Who are the members of His household,
Serving on the baby, body and soul?
Sheep, and also mules and rams,
Oxen, horses, goats, and lambs --
That's His household!

Of which nice dishes are They partaking,
Or maybe humble are the meals They are taking?
Food is groat, milk and root,

Morn and evening – that's the food
In that wondrous home.

What is that playing? Some exquisite music?
That the King of Heaven is now amusing?
Crowd of shepherds and their reeds
Glorify His future deeds –
An inornate choir.

And are His robes richly brocaded,
With which the Virgin has Her Son decorated?
Twill and worsted, and cheesecloth,
And the poor are glad of those,
Chaste and unadorned.

The *koliadka* created by H.S. Skovoroda – 'Pastyri myli' – displays a virtuoso use of the variety of tone colours and the quality of sound.

In the beginning, the melodic lines (of which there are several) are picked up by sopranos and altos, and then (the first and second stanzas) tenors and basses join in in response. The subsequent stanzas (the third and the fourth) are initially performed by the entire choir but this gradually gives way to phrases sung by the female section (sopranos and altos). In the fifth stanza, the melody is led by the male voices (tenors and basses) but the expressive cues from sopranos and altos (chorus) add colour to the score. After the chorus performs the opening fragment of the sixth stanza, the melody is carried on by the female voices, while the male section responds with a replica. The seventh and eighth stanzas are delivered by the entire choir. The author introduces vivid additional melodic lines (altos) that enhance the texture and contribute to the dynamism of the movement as a whole.

15. Отче наш

*Березівський розспів
Івано-Франківська область,
Косівський район.
Записано від родини Малковичів*

Євангеліє від Матвія 6:9-13

Отче наш! Ти, що єси на небесах, нехай святиться ім'я Твоє,
Отче наш.

Отче наш! Нехай прийде Царствіє Твоє, нехай буде воля Твоя,
Отче наш.
Отче наш! Як на небі так і на земли хліб наш насущний
          дай нам сьогодні,
Отче наш.
Отче наш! І прости нам провини наші, як і ми прощаємо
          винуватцям нашим.
Отче наш.
Отче наш! Не дай нам впасти во іскушеніє, але визволи
          від лукавого.
Отче наш,
Отче наш,
Отче наш.

15. Otche nash (Our Father)

Bereziv Village Chant
Ivano-Frankivsk Oblast,
Kosiv District.
Recorded by the Malkovich family

                                              Matthew 6:9-13;
                                     New Living Translation

Our Father in heaven, may Your name be kept holy,
Our Father.

Our Father, may your Kingdom come soon, may Your
                                  will be done on earth,
Our Father.

Our Father, as it is in heaven. Give us today the food we need,
Our Father.

Our Father, and forgive us our sins, as we have forgiven
                                  those who sin against us,
Our Father.
Our Father, and don't let us yield to temptation, but rescue us
                                  from the evil one,
Our Father,
Our Father,
Our Father.

16. Тропар Рождества Христового

Рождество Твоє, Христе Боже наш,
Возсія мирові Світ разума:
В нім бо звіздам служащії, Звіздою учахуся.
Тебі кланятися, Сонцю правди,
І Тебе видіти з висоти Востока.
Господи, Слава, слава, Слава Тобі!

16. Troparion of the Nativity

Thy Nativity, O Christ our God,
Has shone upon the world with the light of knowledge:
For thereby they who adored the stars,
Through a star were taught
To worship Thee, the Sun of Righteousness,
And to know Thee, the Dayspring, from on high.
O Lord, glory to Thee.

Glory to Newborn Saviour

Slava rozhdennomu (U nadii Bozha Maty)

solo*) for solo at will

Oh, but at our Master's
A v nashoho pana

Dear Sir, Esteemed Esquire
Pane, pane hospodariu

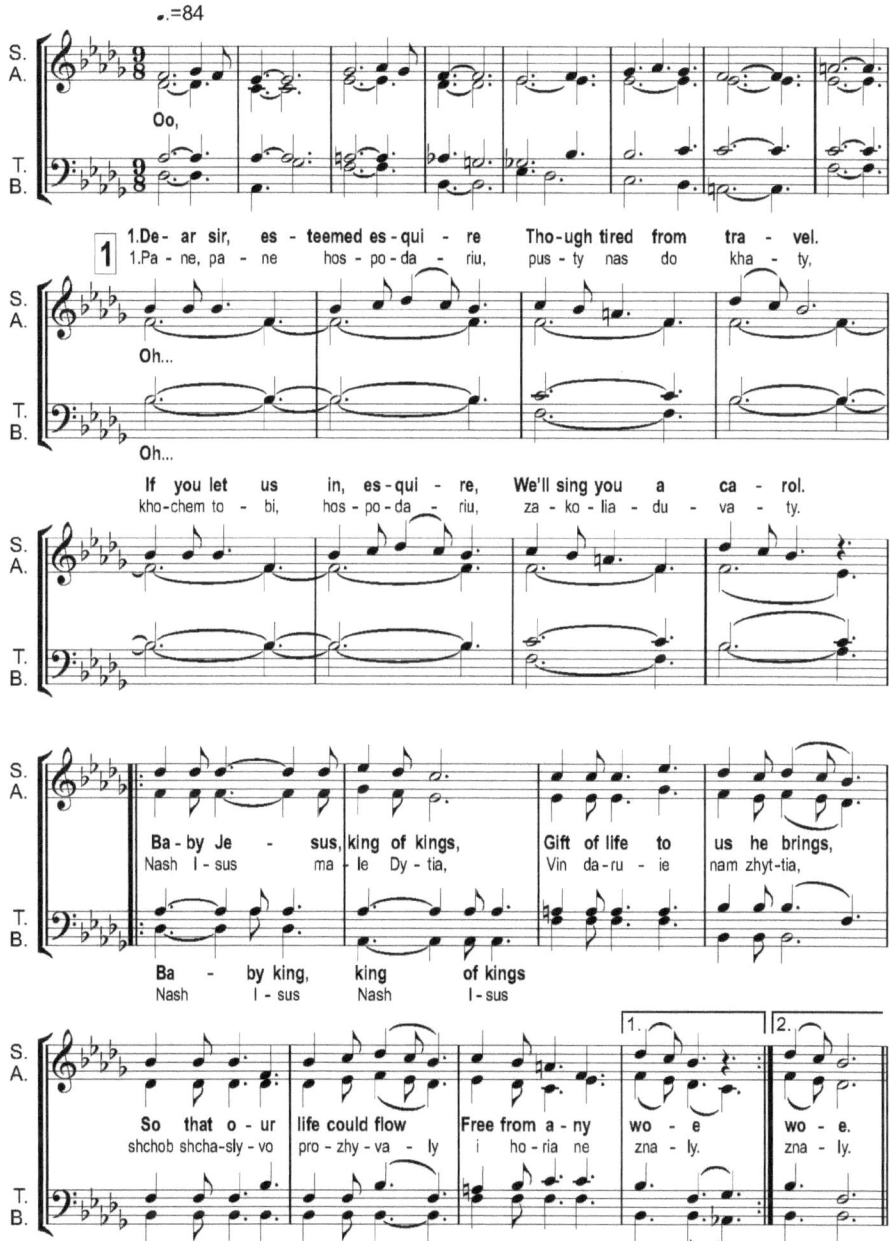

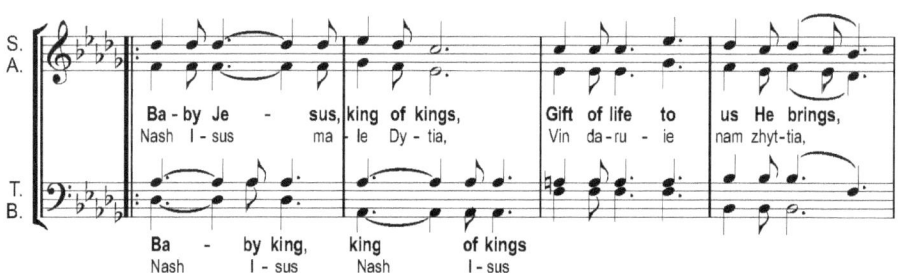

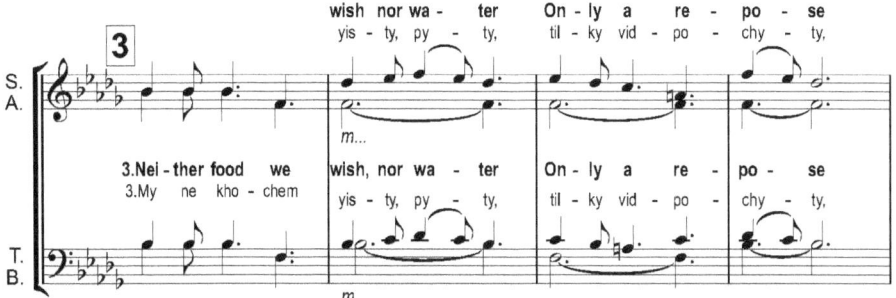

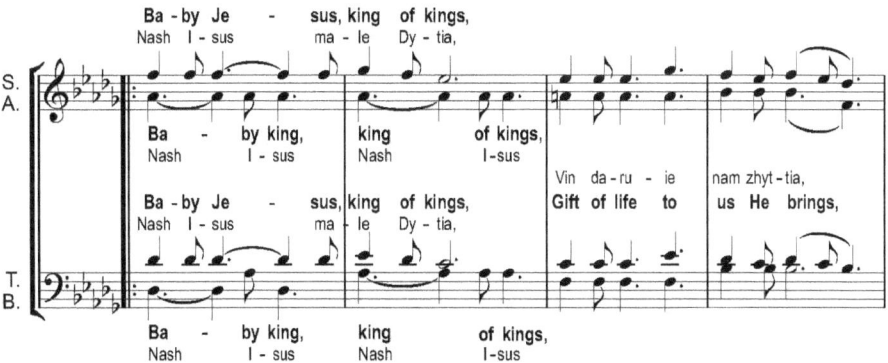
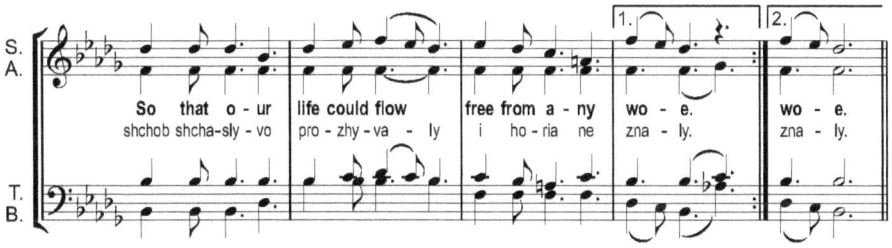

Outshining the Sun
(Version 2)

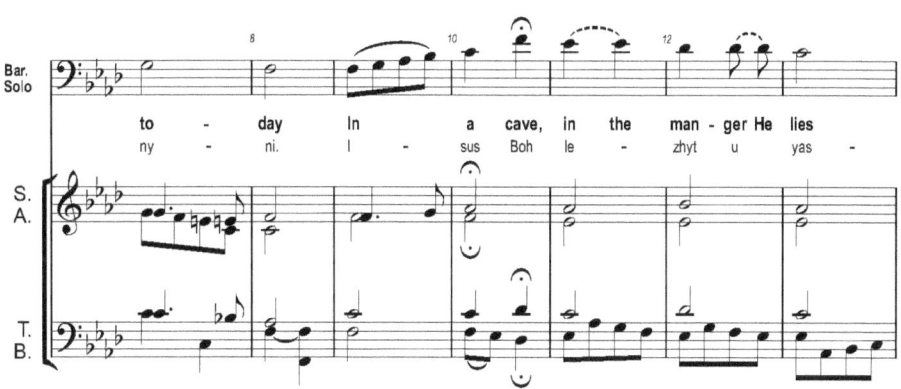
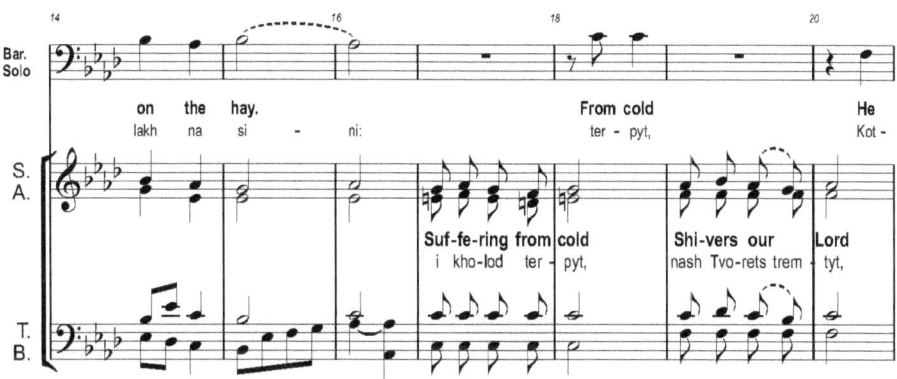

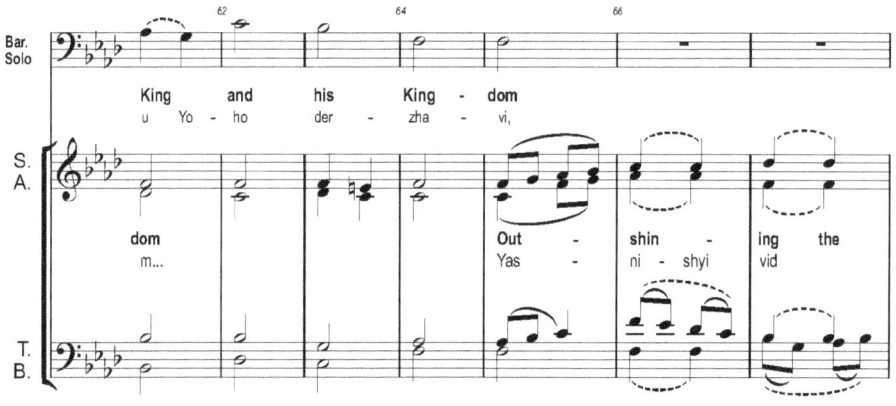
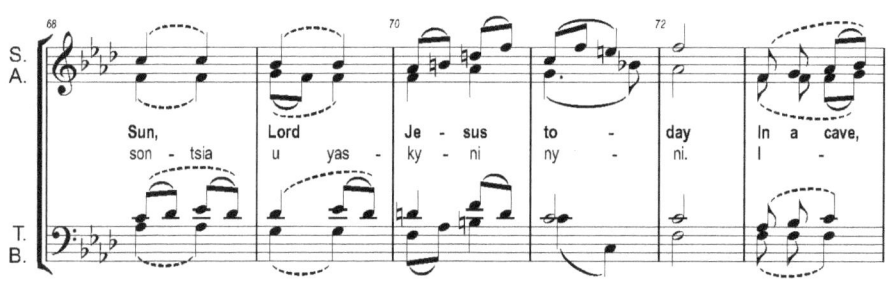
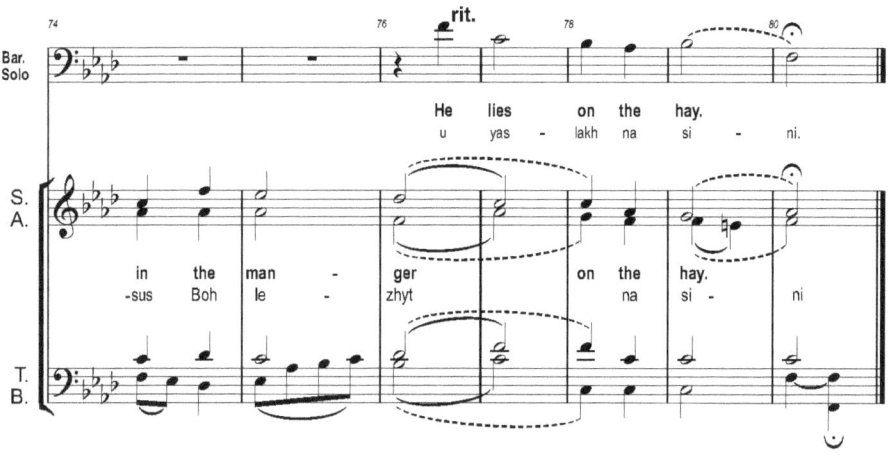

Joy Has Come to Bethlehem
V Vyfleiemi radist stala

Oh, ye Angels, do Descend
Anhely, snyzhaitesia

Lyrics and melody
by **G. Skovoroda** (1722-1794)

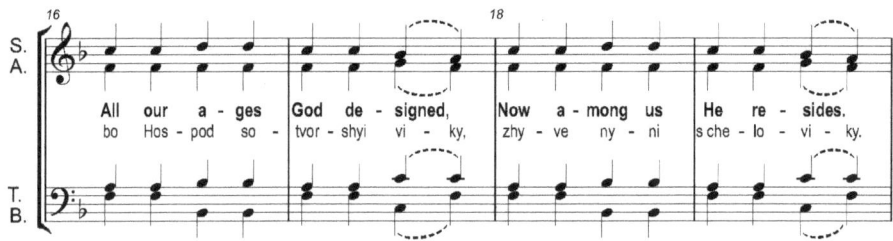

In a Humble Barn, in Bethlehem Tonight

V Vyfleiemi dnes Mariia

Good Evening, Dear Squire

Dobryvechir, khaziainu

Oh, the Star is Shining
Oi u yasnim nebi

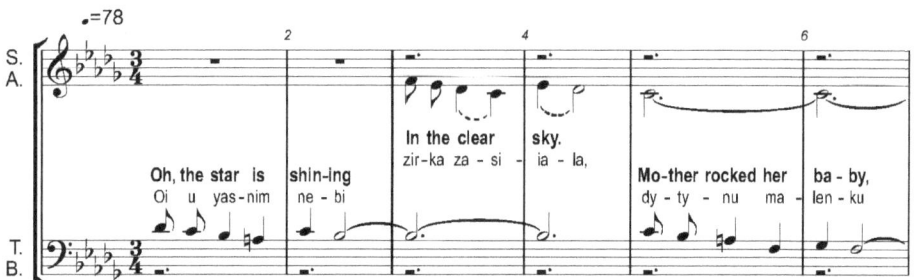

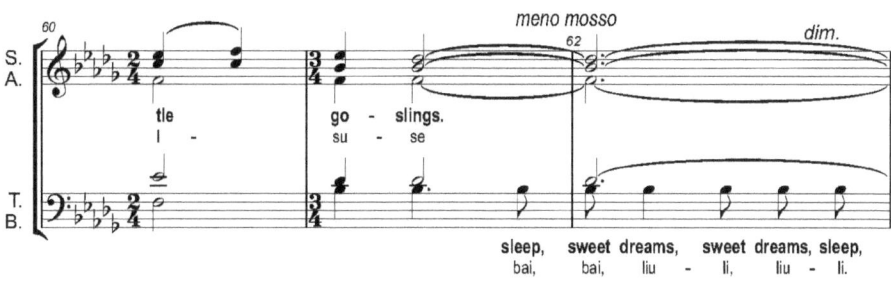
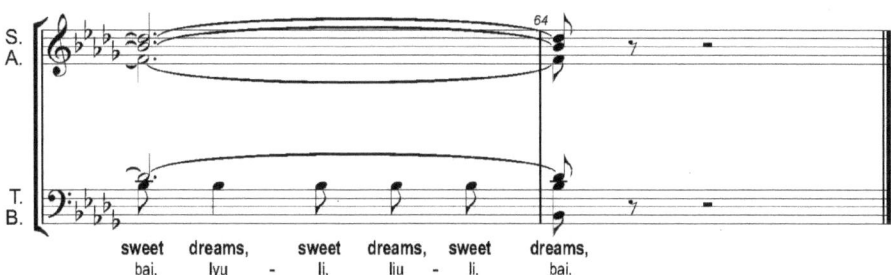

Oh, Three Wise Magi

Oi, try slavni tsari

Good Evening, Dear Squire

Dobryvechir, khaziainu

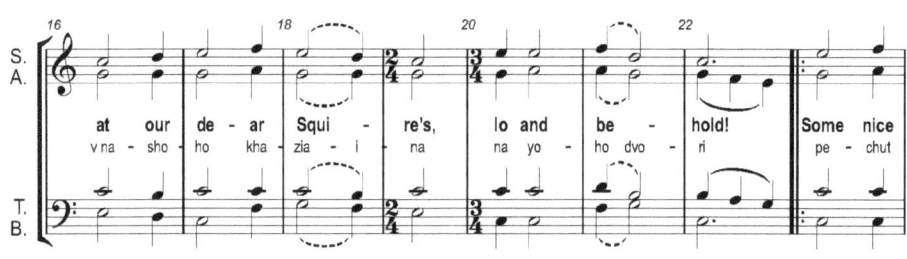

Hie Thee, Younder, Brethren, and so

Christmas carol of shepherds, from the XVIII century manuscript
Nute, nute, brattia, susidy!

The Sky is Clear, the Stars a-Glow

Nebo yasni zirky vkryly

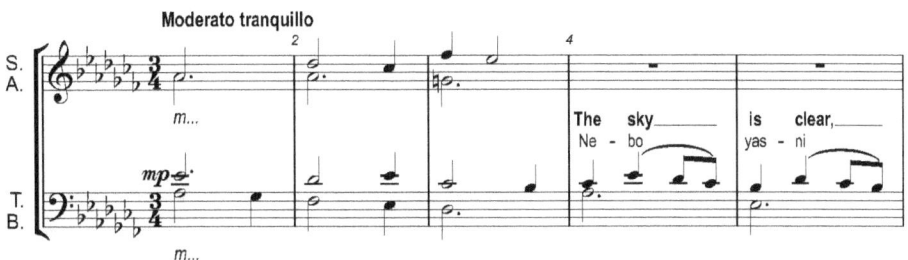
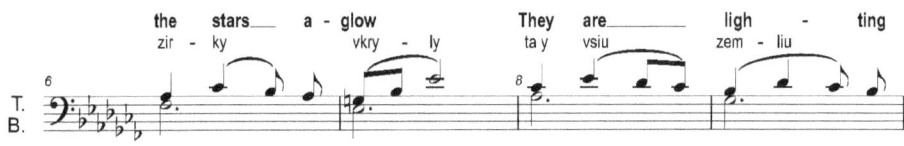

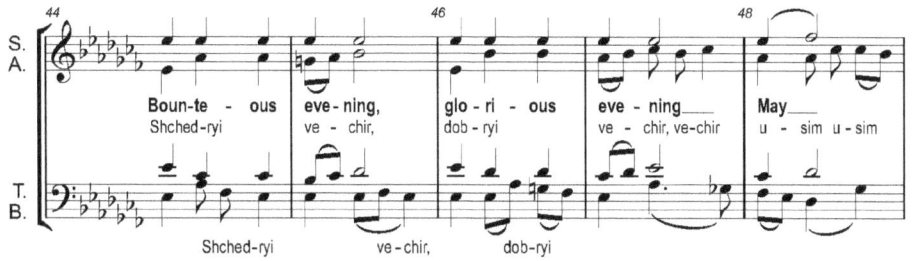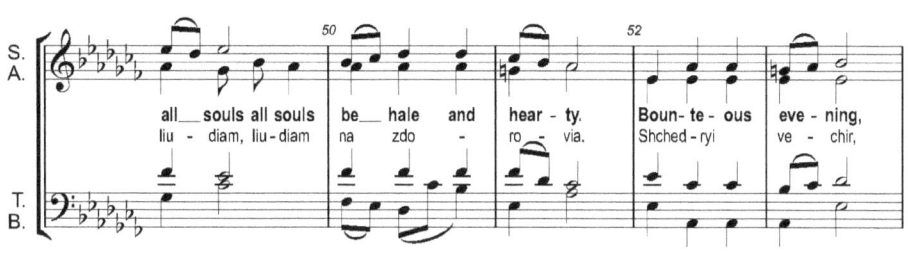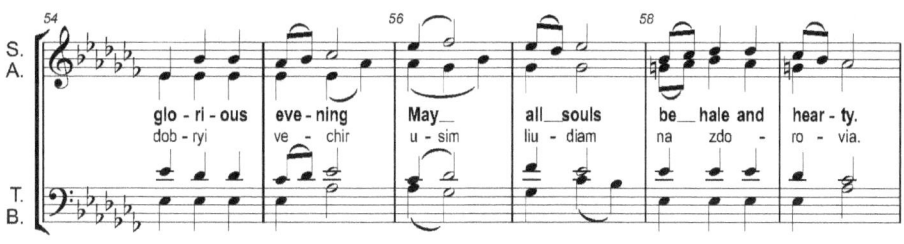

Oh, ye, Good Shepherds

Pastyri myli

Lyrics and melody
by **G. Skovoroda** (1722-1794)

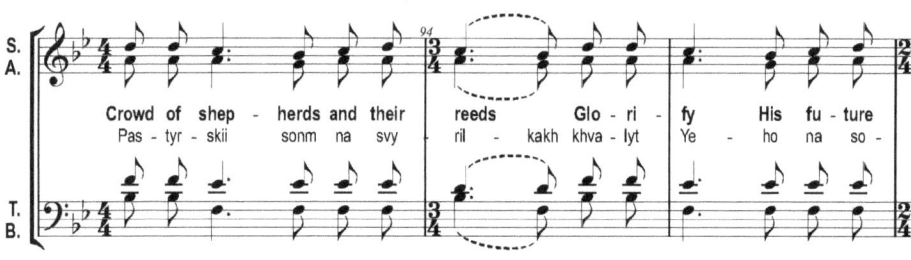
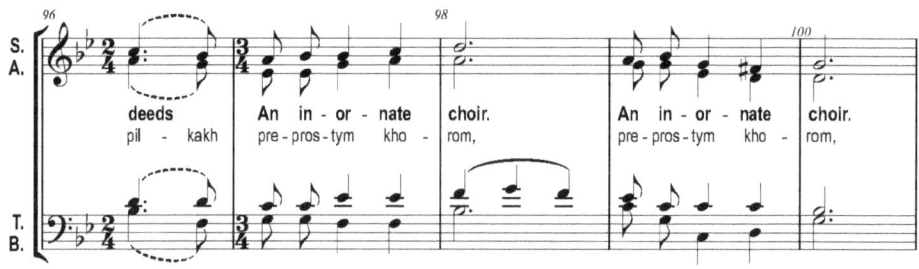

Our Father

Ukrainian village chant
(Matthew 6:9-13; NLT)

recorded by Malkovich family
arr. by **V. Grytsyshyn**

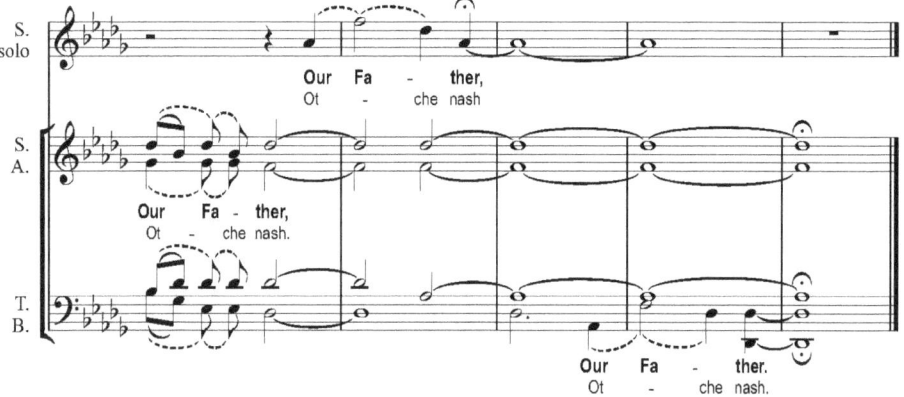

Thy Nativity, O Christ our God

Rozhdestvo Tvoie, Khryste Bozhe nash

by Viktor Grytsyshyn

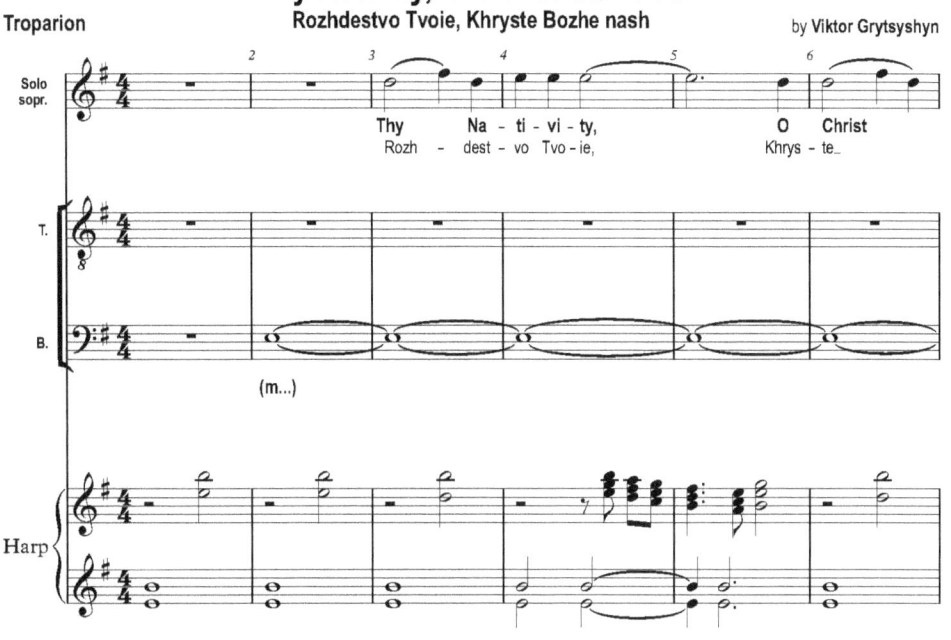

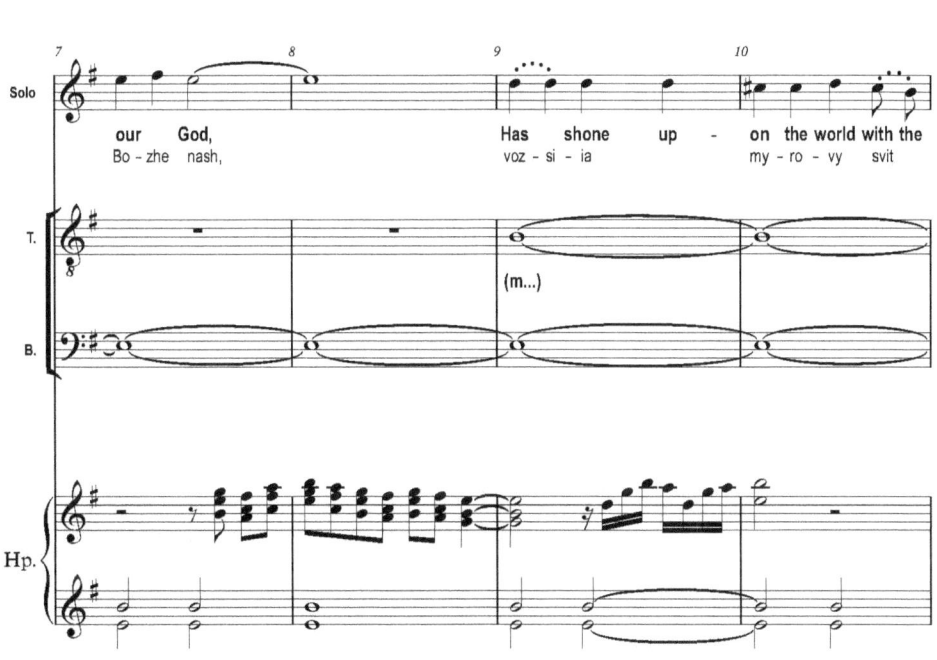

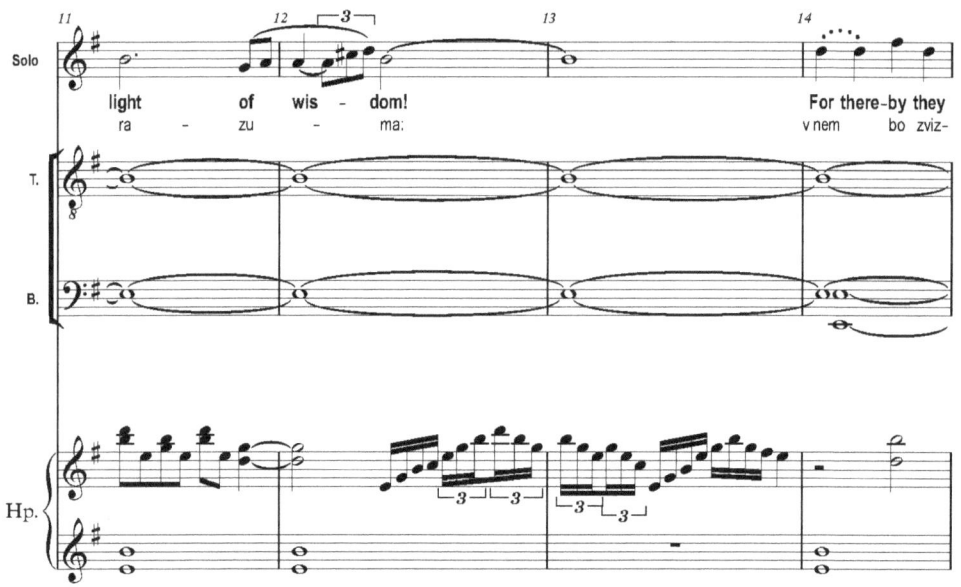
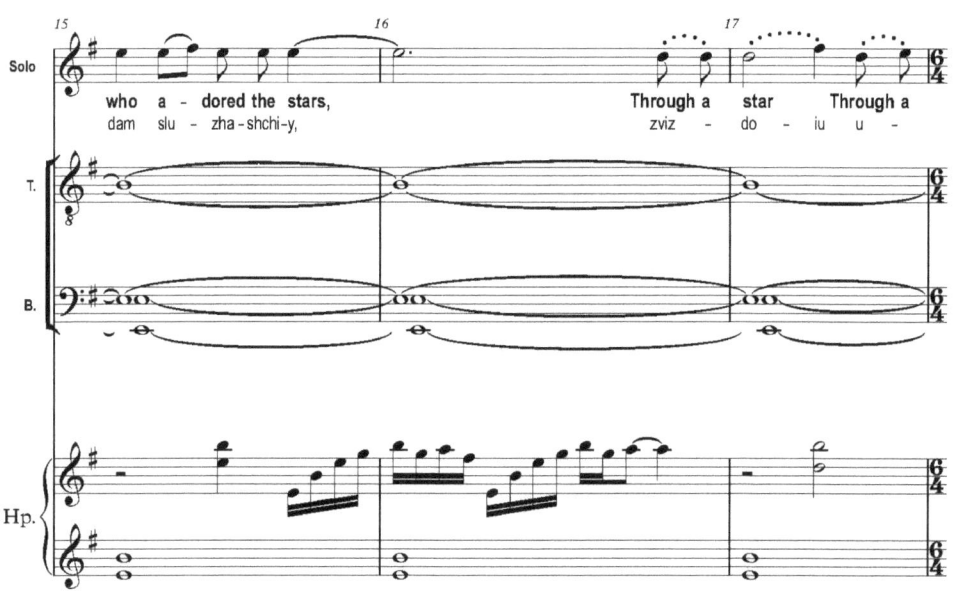

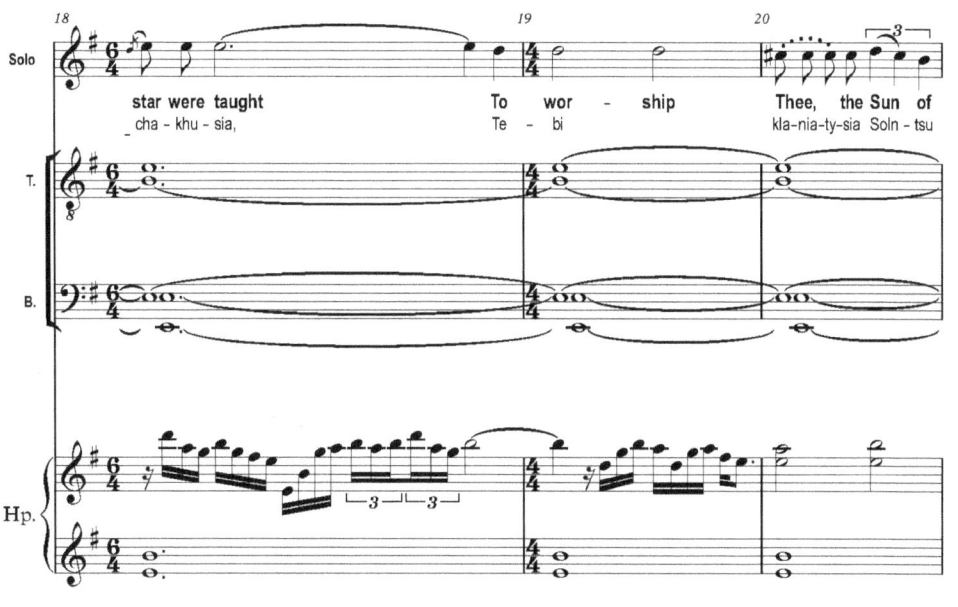

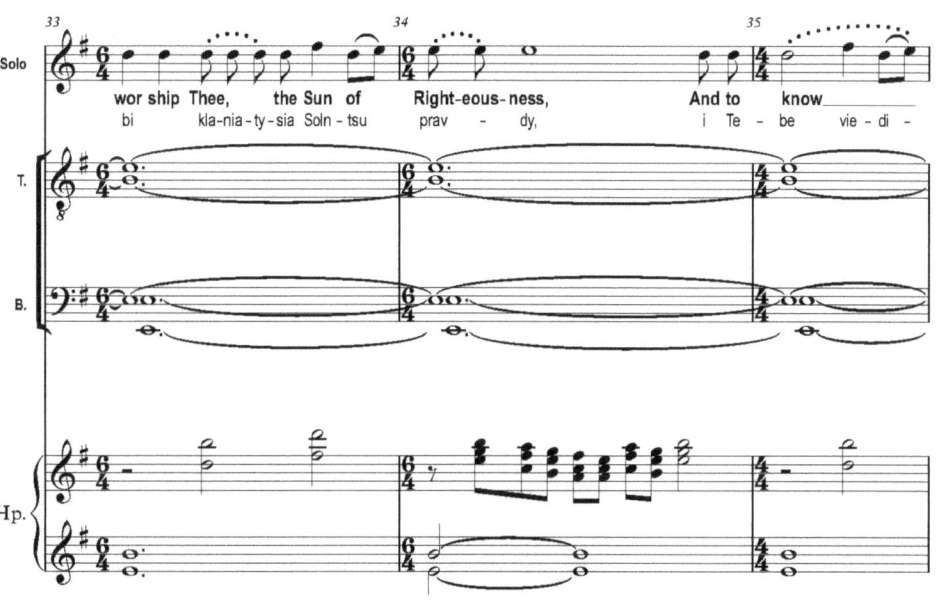

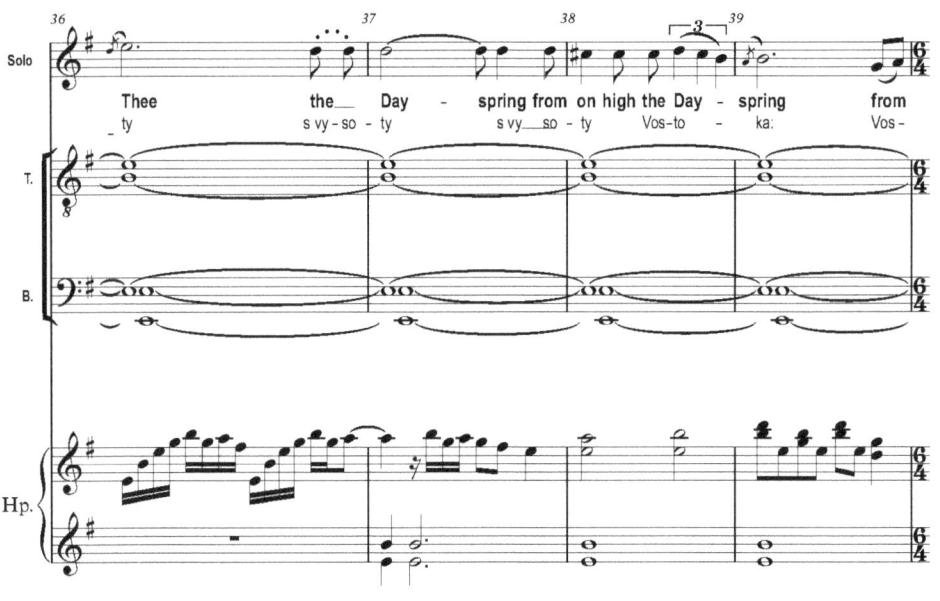

АВТОРИ ТА УКЛАДАЧІ

Віктор Грицишин – композитор, аранжувальник, хоровий співак

Народився у 1955 році.

Працював у складі «The Boyan Ensemble of Kyiv» (1998-2015) та помічником головного диригента чоловічої хорової капели імені Левка Ревуцького.

Автор численних обробок українських народних пісень, оригінальних пісень та романсів на вірші українських поетів, обробок єврейських пісень.

У 2011 році видавництво «Гроно» видало нотну збірку «Вибрані твори для чоловічого хору».

До збірки включено найкраще з багаторічного та різноманітного творчого доробку. Музикознавці відзначили глибоке і щире відчуття духовності, опору на фольклорні джерела української музики, вміле використання темброової палітри чоловічих голосів, зручну хорову фактуру, вдалі інтонаційно-гармонічні рішення, що зробили твори Віктора Грицишина популярними серед слухачів та хорових колективів від аматорських до професійних.

Особлива подяка за підтримку і допомогу головному диригенту чоловічої хорової капели імені Левка Ревуцького Артуру Смірнову, а також Герману Михайленку та Петру Іваненку.

Художник Павло Крисаченко

Народився у 1949 році.

Працює у галузі графіки, живопису. Автор ілюстрацій, портретів, ікон, пейзажів, жанрових полотен з історії України, ескізів українських державних нагород.

Працював у видавництвах «Дніпро», «Молодь», «Спалах», «Освіта», «Райдуга», та ін.

Основні твори: «П. Сагайдачний» (графіка – оформлення кн. «Гетьман Петро Сагайдачний» Д. Яворницького (1993)), «Прихід до Христа. Україна», розпис церкви Успіння Пресвятої Богородиці у селі Пологи, Васильківського р-ну Кіровоградської обл.

Роботи зберігаються у музеї книги та друкарства України.

Анастасія Михайленко – вступна стаття та коментарі

Анастасія є спеціалістом у сфері музикознавства. Народилась у 1979 році. У 2003 почала працювати на посаді наукового співробітника Бакинської Музичної Академії. У 2011 році здобула науковий ступінь доктора філософії з мистецтвознавства, захистивши дісертацію на тему «Інонаціональна тематика в інструментальній (камерної та симфонічної) творчості композиторів Азербайджану». Ключовий напрямок її досліджень це народна творчість різних країн. Вона, на думку Анастасії, має величезний потенціал, як носій духовного коду етносів, як джерело для безмежного збагачення сучасної професійної музики академічної та популярної традиції.

Світлана Пейн (також відома як Світлана Дубовицька) – переклад, редактура та менеджмент проєкту

Світлана народилась в Тернополі на західній околиці Радянського Союзу в 1961 році. Вона з відзнакою закінчила Львівський університет за спеціальністю «філологія, викладач іноземних мов та переклад».

Ілюстрована збірка поезії Даніеля Хармса в перекладі Світлани («Чари Хармса») з'явилася у 2011 році. Вона зберігає популярність у читачів протягом десятиліть. Як протилежність культурній хвилі, у 1997 році Світлана підготувала російський переклад «Популярна наука про котів, написана старим Опосумом» Т. С. Еліота, який досяг «Золотої» версії. У 2012 році з'явився її переклад книги «Вічна дружина» Керол Енн Даффі та лібрето «Ісус Христос супер-зірка», що дозволило показати цей дуже популярний мюзикл російською мовою.

Світлана переклала біографію Бориса Єльцина («Борис Єльцин: Десятиліття, яке потрясло світ», «Глагослав»)), роман Арсенія

Ревазова («Самотність-12», «A&NN»). Вона, також, співпрацювала над двома романами лауреата численних премій Віктора Пелевіна («S.N.U.F.F.» і «Empire V», «Gollancz»).

Її останньою роботою став переклад роману «Сівцiв Вражек» (в перекладі звучить як «Розірване серце Москви»). Це книга, яку написав Михайло Осоргін після революції та Першої світової війни: тепер вона вийшла у видавництві «Глагослав».

AUTHORS AND COMPILERS

Victor Grytsyshyn – Composer, Orchestrator, Choral Singer
Victor was born in 1955.
For many years he had been part of the Boyan Ensemble of Kyiv (1998-2015), while also acting as Deputy Chief Conductor of the Revutsky Male Choir Kapela.
He is the author of numerous orchestrations of the Ukrainian folk songs, original pieces, romances with lyrics by Ukrainian poets, and adaptation of Jewish songs.
In 2011, Grono Publishers put out his collection of sheet music 'Selected Pieces for a Male Choir'.
The present anthology includes his best work from many years of broad-ranging creative achievements. Musical critics have praised his profound sense of spirituality, inspiration acquired from the folk sources of the Ukrainian music, his competent application of tonal variegation inherent in male voices, accommodating choral texture, successful intonational choices – all of which has contributed to the fact that Victor Grytsyshyn's compositions have won him popular and critical acclaim and made his work popular with both professional and amateur choral groups.
Victor would like to express his gratitude to Revutsky Kapela's Chief Conductor Artur Smyrnov for his help and support. A special word of thanks goes to Herman Mykhailenko and Petro Ivanenko.

Illustrations by Pavlo Krysachenko
Pavlo was born in 1949.
He is a graphic artist and painter, the author of numerous book illustrations, portraits, icons, landscapes, and historical paintings depicting scenes from the Ukrainian history. He has also designed several Ukrainian state decorations.

Over the years, he worked for such publishing houses as Dnipro, Molod', Spolokh, Raiduga, et al.

His key pieces are *Hetman Petro Sahaidachny* (artwork for the book by D. Yavornitsky, 1993), *Christ Comes to Christ in Ukraine*, and artwork and frescos executed for the Assumption Church in Kirovohrad Oblast.

His works are displayed in the National Museum of Books and Book Printing.

Anastasiia Mykhailenko – Introduction and Comments

Anastasiia is a professional musicologist. Born in 1979, she started her career in 2003 by being employed as a research Fellow in the Academy of Music in Baku (Azerbaijan). In 2011 she defended her PhD with a thesis 'Foreign themes in instrumental (chamber and symphonic) music by Azerbaijan composers'. The principal direction of her research is aimed at folk cultures of nations the world over. Anastasiia believes that this research can open the tremendous potential inherent in ethnic spiritual codes and serve as a source of unrestrained inspiration for modern professional musicians who work in both academic and popular spheres.

Svetlana Payne (AKA Svetlana Dubovitskaya) – Translation, Editing and Project Management

Sveta was born in Ternopil on the western rim of the Soviet Union, in 1961 and graduated with honours in philology, teaching of foreign languages and translation from the University of Lviv.

The illustrated compilation of the poetry by Daniel Kharms in Sveta's translation, *The Charms of Harms,* appeared in 2011 and is still selling today. As a reverse in the cultural tide, in 1997 Sveta produced a Russian translation T. S. Eliot's *The Old Possum's Book of Practical Cats* which has now achieved a 'Gold' version for numerous reprints. In 2012 appeared her translation of *The World's Wife,* by Carol Ann Duffy, and the libretto of *Jesus Christ Super Star* to enable a performance of this very popular musical in Russian.

Sveta has translated a biography of Boris Yeltsin (*Boris Yeltsin: The Decade that Shook the World,* (Glagoslav), a novel by Arseny Revazov

(*Loneliness-12,* A&NN) and co-worked on two novels by the prize-winning Russian author Victor Pelevin (*S.N.U.F.F.* and *Empire V,* Gollancz).

Her most recent work is a translation of *Sivtsev Vrazhek* by Mikhail Osorgin (*The Riven Heart of Moscow* in translation) – a book written in the aftermath of the Revolution and the First World War has now been published by Glagoslav.

Glagoslav Publications Catalogue

- *The Time of Women* by Elena Chizhova
- *Andrei Tarkovsky: A Life on the Cross* by Lyudmila Boyadzhieva
- *Sin* by Zakhar Prilepin
- *Hardly Ever Otherwise* by Maria Matios
- *Khatyn* by Ales Adamovich
- *The Lost Button* by Irene Rozdobudko
- *Christened with Crosses* by Eduard Kochergin
- *The Vital Needs of the Dead* by Igor Sakhnovsky
- *The Sarabande of Sara's Band* by Larysa Denysenko
- *A Poet and Bin Laden* by Hamid Ismailov
- *Zo Gaat Dat in Rusland* (Dutch Edition) by Maria Konjoekova
- *Kobzar* by Taras Shevchenko
- *The Stone Bridge* by Alexander Terekhov
- *Moryak* by Lee Mandel
- *King Stakh's Wild Hunt* by Uladzimir Karatkevich
- *The Hawks of Peace* by Dmitry Rogozin
- *Harlequin's Costume* by Leonid Yuzefovich
- *Depeche Mode* by Serhii Zhadan
- *Groot Slem en Andere Verhalen* (Dutch Edition) by Leonid Andrejev
- *METRO 2033* (Dutch Edition) by Dmitry Glukhovsky
- *METRO 2034* (Dutch Edition) by Dmitry Glukhovsky
- *A Russian Story* by Eugenia Kononenko
- *Herstories, An Anthology of New Ukrainian Women Prose Writers*
- *The Battle of the Sexes Russian Style* by Nadezhda Ptushkina
- *A Book Without Photographs* by Sergey Shargunov
- *Down Among The Fishes* by Natalka Babina
- *disUNITY* by Anatoly Kudryavitsky
- *Sankya* by Zakhar Prilepin
- *Wolf Messing* by Tatiana Lungin
- *Good Stalin* by Victor Erofeyev
- *Solar Plexus* by Rustam Ibragimbekov
- *Don't Call me a Victim!* by Dina Yafasova
- *Poetin* (Dutch Edition) by Chris Hutchins and Alexander Korobko

- *A History of Belarus* by Lubov Bazan
- *Children's Fashion of the Russian Empire* by Alexander Vasiliev
- *Empire of Corruption: The Russian National Pastime* by Vladimir Soloviev
- *Heroes of the 90s: People and Money. The Modern History of Russian Capitalism* by Alexander Solovev, Vladislav Dorofeev and Valeria Bashkirova
- *Fifty Highlights from the Russian Literature* (Dutch Edition) by Maarten Tengbergen
- *Bajesvolk* (Dutch Edition) by Michail Chodorkovsky
- *Dagboek van Keizerin Alexandra* (Dutch Edition)
- *Myths about Russia* by Vladimir Medinskiy
- *Boris Yeltsin: The Decade that Shook the World* by Boris Minaev
- *A Man Of Change: A study of the political life of Boris Yeltsin*
- *Sberbank: The Rebirth of Russia's Financial Giant* by Evgeny Karasyuk
- *To Get Ukraine* by Oleksandr Shyshko
- *Asystole* by Oleg Pavlov
- *Gnedich* by Maria Rybakova
- *Marina Tsvetaeva: The Essential Poetry*
- *Multiple Personalities* by Tatyana Shcherbina
- *The Investigator* by Margarita Khemlin
- *The Exile* by Zinaida Tulub
- *Leo Tolstoy: Flight from Paradise* by Pavel Basinsky
- *Moscow in the 1930* by Natalia Gromova
- *Laurus* (Dutch edition) by Evgenij Vodolazkin
- *Prisoner* by Anna Nemzer
- *The Crime of Chernobyl: The Nuclear Goulag* by Wladimir Tchertkoff
- *Alpine Ballad* by Vasil Bykau
- *The Complete Correspondence of Hryhory Skovoroda*
- *The Tale of Aypi* by Ak Welsapar
- *Selected Poems* by Lydia Grigorieva
- *The Fantastic Worlds of Yuri Vynnychuk*
- *The Garden of Divine Songs and Collected Poetry of Hryhory Skovoroda*
- *Adventures in the Slavic Kitchen: A Book of Essays with Recipes* by Igor Klekh
- *Seven Signs of the Lion* by Michael M. Naydan

Glagoslav Publications Catalogue

- *The Time of Women* by Elena Chizhova
- *Andrei Tarkovsky: A Life on the Cross* by Lyudmila Boyadzhieva
- *Sin* by Zakhar Prilepin
- *Hardly Ever Otherwise* by Maria Matios
- *Khatyn* by Ales Adamovich
- *The Lost Button* by Irene Rozdobudko
- *Christened with Crosses* by Eduard Kochergin
- *The Vital Needs of the Dead* by Igor Sakhnovsky
- *The Sarabande of Sara's Band* by Larysa Denysenko
- *A Poet and Bin Laden* by Hamid Ismailov
- *Zo Gaat Dat in Rusland* (Dutch Edition) by Maria Konjoekova
- *Kobzar* by Taras Shevchenko
- *The Stone Bridge* by Alexander Terekhov
- *Moryak* by Lee Mandel
- *King Stakh's Wild Hunt* by Uladzimir Karatkevich
- *The Hawks of Peace* by Dmitry Rogozin
- *Harlequin's Costume* by Leonid Yuzefovich
- *Depeche Mode* by Serhii Zhadan
- *Groot Slem en Andere Verhalen* (Dutch Edition) by Leonid Andrejev
- *METRO 2033* (Dutch Edition) by Dmitry Glukhovsky
- *METRO 2034* (Dutch Edition) by Dmitry Glukhovsky
- *A Russian Story* by Eugenia Kononenko
- *Herstories, An Anthology of New Ukrainian Women Prose Writers*
- *The Battle of the Sexes Russian Style* by Nadezhda Ptushkina
- *A Book Without Photographs* by Sergey Shargunov
- *Down Among The Fishes* by Natalka Babina
- *disUNITY* by Anatoly Kudryavitsky
- *Sankya* by Zakhar Prilepin
- *Wolf Messing* by Tatiana Lungin
- *Good Stalin* by Victor Erofeyev
- *Solar Plexus* by Rustam Ibragimbekov
- *Don't Call me a Victim!* by Dina Yafasova
- *Poetin* (Dutch Edition) by Chris Hutchins and Alexander Korobko

- *A History of Belarus* by Lubov Bazan
- *Children's Fashion of the Russian Empire* by Alexander Vasiliev
- *Empire of Corruption: The Russian National Pastime* by Vladimir Soloviev
- *Heroes of the 90s: People and Money. The Modern History of Russian Capitalism* by Alexander Solovev, Vladislav Dorofeev and Valeria Bashkirova
- *Fifty Highlights from the Russian Literature* (Dutch Edition) by Maarten Tengbergen
- *Bajesvolk* (Dutch Edition) by Michail Chodorkovsky
- *Dagboek van Keizerin Alexandra* (Dutch Edition)
- *Myths about Russia* by Vladimir Medinskiy
- *Boris Yeltsin: The Decade that Shook the World* by Boris Minaev
- *A Man Of Change: A study of the political life of Boris Yeltsin*
- *Sberbank: The Rebirth of Russia's Financial Giant* by Evgeny Karasyuk
- *To Get Ukraine* by Oleksandr Shyshko
- *Asystole* by Oleg Pavlov
- *Gnedich* by Maria Rybakova
- *Marina Tsvetaeva: The Essential Poetry*
- *Multiple Personalities* by Tatyana Shcherbina
- *The Investigator* by Margarita Khemlin
- *The Exile* by Zinaida Tulub
- *Leo Tolstoy: Flight from Paradise* by Pavel Basinsky
- *Moscow in the 1930* by Natalia Gromova
- *Laurus* (Dutch edition) by Evgenij Vodolazkin
- *Prisoner* by Anna Nemzer
- *The Crime of Chernobyl: The Nuclear Goulag* by Wladimir Tchertkoff
- *Alpine Ballad* by Vasil Bykau
- *The Complete Correspondence of Hryhory Skovoroda*
- *The Tale of Aypi* by Ak Welsapar
- *Selected Poems* by Lydia Grigorieva
- *The Fantastic Worlds of Yuri Vynnychuk*
- *The Garden of Divine Songs and Collected Poetry of Hryhory Skovoroda*
- *Adventures in the Slavic Kitchen: A Book of Essays with Recipes* by Igor Klekh
- *Seven Signs of the Lion* by Michael M. Naydan

- *The Riven Heart of Moscow (Sivtsev Vrazhek)* by Mikhail Osorgin
- *Bera and Cucumber* by Alexander Korotko
- *The Big Fellow* by Anastasiia Marsiz
- *Boryslav in Flames* by Ivan Franko
- *The Witch of Konotop* by Hryhoriy Kvitka-Osnovyanenko
- *De afdeling* (Dutch edition) by Aleksej Salnikov
- *The Food Block* by Alexey Ivanov
- *Ilget* by Alexander Grigorenko
- *Tefil* by Rafał Wojasiński
- *A Dream of Annapurna* by Igor Zavilinsky
- *Down and Out in Drohobych* by Ivan Franko
- *The World of Koliada*
- *Letter Z* by Oleksandr Sambrus
- *Liza's Waterfall: The Hidden Story of a Russian Feminist* by Pavel Basinsky
- *Biography of Sergei Prokofiev* by Igor Vishnevetsky
- *The Food Block* by Alexey Ivanov
- *A City Drawn from Memory* by Elena Chizhova
- *Guide to M. Bulgakov's The Master and Margarita* by Ksenia Atarova and Georgy Lesskis

And more forthcoming . . .

GLAGOSLAV PUBLICATIONS

www.glagoslav.com

www.ingramcontent.com/pod-product-compliance
Lightning Source LLC
Chambersburg PA
CBHW061207070526
44583CB00025B/3151